LA MÉDIATION
SUR LES CINQ CONTINENTS,
RÊVE OU RÉALITÉ ?

Le droit aujourd'hui

La collection « Le droit aujourd'hui » regroupe des études juridiques concernant des problèmes d'actualité nationale et internationale, dans divers domaines (éthique, politique, questions de société…).

Dernières parutions

Anaïs VIAL, *Le droit à la mort*, 2024.
Béatrice BLOHORN-BRENNEUR (dir.), *Médiation, écologie, environnement et intelligence artificielle*, 2024.
François GERBER, *Tempête Xynthia. La responsabilité des acteurs locaux dans les conséquences de la submersion*, 2023.
Olivier SALOMON, *Interprétation artistique et propriété intellectuelle, Essai d'une théorie du voisinage des droits exclusifs au sein de la propriété littéraire et artistique*, 2023.
Sarah TOUBAL, *Le rebond du débiteur. Contribution à l'étude du droit de la défaillance économique,* 2023.
Claire BORREL, Loïc PELISSIER, Abélisse PINCHON, *Altruisme et Droit*, 2023.
Cristina Elena POPA TACHE, *Le dynamisme du droit international public contemporain et la transdisciplinarité,* 2023.
Charles COLOMAR, *Le droit de l'art en question(s). 20 réponses juridiques sur des thématiques artistiques*, 2023.
Marcel Yannick MISONGUI, *La protection juridictionnelle par la Cour de justice dans l'ELSJ et la PESC après le Brexit*, 2023.
François CAMPAGNOLA, *Précis de droit de l'énergie*, 2023.
Sébastien DEMAY, *La charge de travail à l'ère du numérique*, 2023.
Meganne NATALI, *Le droit international face au trafic illégal de biodiversité sauvage,* 2023.
Rahma BENTIROU MATHLOUTHI (dir.), *Proportionnalité, droits fondamentaux et juge, Proportionality, fundamental rights and judges*, 2023.
Aécio Filipe COELHO FRAGA DE OLIVEIRA, *L'exécution des mesures à titre provisoire rendues par un tribunal arbitral situé à l'étranger*, 2022.

Sous la direction de
Béatrice Blohorn-Brenneur

LA MÉDIATION SUR LES CINQ CONTINENTS, RÊVE OU RÉALITÉ ?

GEMME 20 ans déjà !

Ouverture des travaux par Éric Dupond-Moretti, garde des Sceaux, ministre de la Justice

GEMME France
CIM
International mediation council
Conseil international de la médiation
L'Harmattan

Ce livre a été édité par la section française du Groupement Européen des Magistrats pour la Médiation (GEMME-France) et le Conseil International de la Médiation (CIM).

Il constitue les actes du colloque international qui s'est tenu au Conseil de l'Europe, les 25 et 26 mai 2023, pour fêter les 20 ans de la création du GEMME !

Sous le haut patronage et en présence de :
M. DUPOND-MORETTI,
Garde des Sceaux, ministre de la Justice.

Les avocats de la Paix et la Fédération Française des Centres de Médiation (FFCM) ont sponsorisé l'évènement.

Le Groupement Européen des Magistrats pour la Médiation (GEMME) a été créé en 2003. Il a pour vocation de regrouper les juges qui œuvrent pour développer la conciliation et la médiation au sein des 27 pays de l'union européenne. GEMME-France (section française du Gemme, association créée en 2009) a contribué au présent ouvrage.

Le Conseil International de la Médiation, (CIM) a été constitué en 2009 pour promouvoir la médiation, mode amiable de résolution des conflits, à l'échelle internationale et mettre en place un réseau international d'experts de la médiation.

Il a pour vocation d'établir une liste de médiateurs, experts internationaux et de superviser leur accréditation.

Des groupes de travail, qui regroupent les experts des divers domaines de la médiation, ont été créés.

Chaque pays, au sein des différents continents, a vocation à y être représenté. Pour plus d'informations : www.cim-imc.com.

5-7, rue de l'Ecole-Polytechnique, 75005 Paris
www.harmattan.fr
ISBN : 978-2-336-45294-4
EAN : 9782336452944

SOMMAIRE

REMERCIEMENTS

Nous remercions chaleureusement tous ceux qui ont contribué à la réussite de ces IXes assises internationales et notamment :

- M. DUPOND-MORETTI, Garde des Sceaux, ministre de la Justice, qui a accordé son haut patronage et a ouvert ces assises internationales.
- Les personnalités du monde judiciaire : M. Christophe SOULARD, Premier président de la Cour de cassation, représenté par Frédérique AGOSTINI, conseillère à la Cour de cassation, M. Guy CANIVET, premier président honoraire de la Cour de cassation et ancien membre du Conseil constitutionnel, M. Jacques BOULARD, premier président de la cour d'appel de Paris, représenté par M. Jean-Paul BESSON, conseiller à la cour d'appel de Paris, Mme Valérie DELNAUD, directrice de cabinet de M. Eric DUPOND-MORETTI, Garde des Sceaux, ministre de la Justice, ancienne première présidente de la Cour d'appel de Colmar, ancienne ambassadrice de la médiation, et Mme Sylvie FAVIER, conseillère d'État, présidente de la cour administrative d'appel de Nancy
- Les institutions européennes : Monsieur Francis DANGEL, directeur général de l'administration au secrétariat du Conseil de l'Europe qui nous a accueillis au Palais de l'Europe et M. Alain PILETTE, Directeur adjoint à la Direction générale Justice et Affaires intérieures du Conseil de l'Union européenne.
- Et tous les intervenants venus de plusieurs pays du monde pour leur soutien et la qualité de leurs interventions :

Sylvie MISCHO-FLEURY, Frédérique AGOSTINI, Jean-Paul BESSON, Valérie DELNAUD, Pascual ORTUÑO-MUNOZ, Miltiadis CHATZIGEORGIOU, Chiara GIOVANNUCCI ORLANDI, Emanuela PUCCI, Éric BATTISTONI, Desislava DJAROVA, Timothy POWELL, Jean MIRIMANOFF, Paul GILLIGAN, Monika WLODARCZYK, Dragos CALIN, Anne GONGORA-DESLAURENS, Barbara REGENT, Danielle GANANCIA, Philippe GAZAGNES, Karim SALEM, Sylvie FAVIER, Didier ARTUS, Jean Pierre VOGEL-BRAUN, Yvane-Cécile ROBIN, Emmanuel JAKUBOWICZ, Alain DUCASS, Mohamed EL GHORFI, Saïda CHEBILI, Michel TCHICAYA, Félix TOBIN, Thi My Hanh NGO FOLLIOT, Abder AIT OUALI, Stephen BENSIMON.

Nous remercions également ceux qui ont travaillé à l'élaboration de cet ouvrage :

- François STAECHELÉ, Président honoraire du Tribunal de Grande Instance de Metz, secrétaire général de GEMME-France et chargé de communication et de CIM
- Sarah HARTMANN-LOMBARD : gestionnaire de projet, consultante en e-commerce.

Ouverture des travaux
par Éric DUPOND-MORETTI

Garde des Sceaux, ministre de la Justice

C'est un véritable plaisir pour moi d'être présent parmi vous à l'occasion des 9es assises internationales du « Groupement européen des magistrats pour la médiation ».

Le sujet de réflexion qui sera le vôtre au cours de ces deux journées de colloque est particulièrement d'actualité : « Le développement de la médiation dans les 5 continents : rêve ou réalité ? »

Interrogation que je reformulerai de manière plus générale, en parlant d'amiable et non simplement de médiation.

La question est donc : « Le développement de l'amiable dans les 5 continents : rêve ou réalité ? »

Eh bien, ne cherchez plus ! J'ai la réponse à votre questionnement, du moins pour la France : car je me suis précisément engagé à ce que l'amiable au sein des juridictions françaises passe du rêve à la réalité.

Je remercie donc vivement l'association GEMME-France pour cette invitation qui me donne l'occasion de vous partager l'engagement qui est le mien depuis le lancement de la politique de l'amiable, le 13 janvier dernier.

Qu'il me soit d'abord permis souligner l'investissement remarquable de l'association GEMME en la matière.

Votre organisation a vu le jour en 2003 grâce à l'impulsion, et je dirais même l'intuition, d'un grand magistrat, Guy Canivet, à qui je veux rendre ici un hommage appuyé.

Depuis lors, depuis 20 ans, votre association se mobilise, à l'échelle nationale et européenne, pour promouvoir l'amiable, notamment dans le cadre des travaux de la Commission européenne pour l'efficacité de la justice.

GEMME est désormais un acteur incontournable en la matière, reconnu pour son expertise et régulièrement consulté par les institutions nationales et internationales.

C'est donc tout naturellement que le GEMME s'est porté candidat afin de siéger au sein du premier Conseil national de la médiation qui verra le jour dans les prochaines semaines. Et nous en sommes très heureux, car vous apporterez toute la richesse de vos perspectives aux travaux du Conseil.

Je signerai à cet égard dans les prochains jours l'arrêté fixant la composition du premier Conseil national de la médiation.

S'il est présent dans les hautes instances, GEMME est aussi au cœur de la pratique professionnelle des magistrats, qui constituent la grande majorité de ses 800 adhérents.

Vous offrez ainsi aux juges des espaces de discussions et des trames qui facilitent leur quotidien et contribuent ainsi au développement d'une nouvelle culture de l'amiable. [1]…

… Mesdames et Messieurs, j'en terminerai en vous disant que j'y crois.

Je crois que l'amiable est en train de passer du rêve à la réalité.

Je crois que nous pouvons faire advenir cette révolution culturelle que d'autres pays européens ont faite avant vous.

Je crois à votre mobilisation en tant que magistrats, à la mobilisation des avocats, mais aussi à celle des conciliateurs et des médiateurs.

Je crois que nous pouvons proposer à nos concitoyens une justice plus proche, plus rapide, plus humaine.

Alors, retroussons-nous les manches et avançons ! La politique de l'amiable c'est maintenant, avec vous !

---

[1] L'intégralité du discours de Éric DUPOND-MORETTI a été publiée dans le livre « Gemme, 20 ans déjà – Médiation et institutions européennes », L'Harmattan, 2023

Résumé du colloque

Par **Sylvie MISCHO-FLEURY**,
docteure en psychologie – Médiateure,
webmaster adjointe de GEMME-France et de CIM

En partenariat avec le Conseil international de la Médiation, GEMME-France – section française du Groupement européen des magistrats pour la médiation (GEMME) – a organisé les 25 et 26 mai 2023, au Conseil de l'Europe, à Strasbourg, les 9es Assises internationales de la médiation.

Au programme, une question centrale :

Le développement de la médiation dans les 5 continents : rêve ou réalité ?

Merci à Sylvie Mischo-Fleury pour ce compte-rendu.

Ces deux jours ont été l'occasion de célébrer un anniversaire d'importance : les 20 ans du GEMME ! 20 ans de militantisme pour développer la médiation et les modes amiables de règlement des différends.

Certains des fondateurs étaient présents[1] : Guy Canivet, Béatrice Brenneur et Éric Battistoni.

Venus de toute l'Europe, intervenants et participants étaient réunis pour réfléchir aux réalisations, projets et perspectives d'avenir du GEMME, une association qui regroupe plus de 300 membres en France.

La célébration était d'importance. M. Dupond-Moretti [1], garde des Sceaux, ministre de la Justice, a ouvert les débats,

[1] Les interventions des fondateurs de GEMME ont fait l'objet d'un livre spécifique intitulé « Médiation et institutions européennes, GEMME, 20 ans déjà ! », Éd. L'Harmattan, 2023.

confirmant par sa présence sa volonté de développer la culture de l'amiable au cœur des juridictions françaises. Pour beaucoup, une révolution ! Il a précisé deux projets phares de sa politique de l'amiable : la césure et l'ARA. Le ministre a encouragé à persévérer dans la mobilisation de chacun : « Retroussons-nous les manches et avançons ! La politique de l'amiable c'est maintenant, avec vous ! »

Nombreux étaient les intervenants sollicités pour introduire et animer les deux journées de réflexions. Parmi eux, Miltiadis Chatzigeorgiou, vice-président de la Cour Suprême de Grèce, a précisé la Directive européenne qui définit la médiation et lui donne un cadre juridique. Ainsi, la directive prévoit-elle des obligations très limitées imposées aux États membres concernant le cadre procédural de la médiation (exécution des accords, confidentialité, suspensions des délais de prescription, qualité de la médiation). En Grèce, les résultats en matière de règlement extrajudiciaire des litiges sont très encourageants. Un cas sur dix soumis à la séance initiale de médiation obligatoire est résolu et le taux des médiations volontaires est de 80 %.

Différentes tables rondes aux thèmes d'actualité ont été proposées. François Staechelé a été le modérateur de la table ronde sur les avancées européennes et les réformes récentes pour y implanter la médiation ;

Frédérique Agostini a développé le sujet des réformes en France : depuis la loi n° 95-125 du 8 février 1995, le législateur a accompagné ce mouvement et trois lois importantes sont intervenues au cours des dernières années… La loi n° 2016-1547 du 18 novembre 2016… ; la loi n° 2019-222 du 23 mars 2019 de programmation 2018-2022 et de réforme pour la justice a permis à tout juge, en application l'article 22-1 de la loi du 8 février 1995, de faire injonction aux parties de rencontrer un médiateur pour être informées sur l'objet et le déroulement d'un processus de médiation ; la loi n° 2021-1729 du 22 décembre pour la confiance dans l'institution judiciaire ; le Code de procédure civile, régulièrement enrichi et en dernier lieu par le décret n° 2022-245 du 25 février 2022, comporte aujourd'hui un corpus assez dense.

En janvier dernier, le ministre de la Justice français a pris toute la mesure de cette aspiration en faisant de l'amiable en matière civile un axe essentiel et ambitieux de son plan pour une justice plus rapide et plus efficace,

Éric BATTISTONI a présenté la loi de 2018 en Belgique.

Les lois belges de 2005 et de 2018 ont favorisé le développement des pratiques amiables comme la conciliation et la médiation.

- En premier lieu, le juge belge est tenu de favoriser en tout état de la procédure un mode de résolution amiable des litiges. La mission première du juge belge est de concilier les parties.
- Sauf en référé, le juge belge peut, à l'audience d'introduction ou lors d'une audience fixée à date rapprochée, interroger les parties sur la manière dont elles ont tenté de résoudre le litige à l'amiable avant l'introduction de la cause et les informer des possibilités de résoudre le litige à l'amiable. À cette fin, le juge belge peut notamment ordonner la comparution personnelle des parties.
- En deuxième lieu, la médiation judiciaire est facultative, mais le juge belge peut cependant la prescrire, sauf véto d'une partie. Il peut même d'initiative, imposer la médiation à moins que toutes les parties ne s'y opposent !
- En dernier lieu, la loi belge impose aux avocats d'informer le justiciable sur la possibilité de médiation, de conciliation et de tout autre mode de résolution amiable des litiges.

Dragos Calin a présenté les réformes en Roumanie. Le cadre législatif actuel sur la médiation en Roumanie est inefficace. Au cours de la période 2014-2022, le nombre de cas résolus par la médiation a continuellement diminué, passant de 2 085 en 2014 à 216 en 2022.

Les chiffres sont inquiétants ; en Roumanie la médiation ne constitue pas un véritable outil alternatif de résolution des conflits. La législation s'avère inefficace et insuffisante. La Cour constitutionnelle a annulé à deux reprises des tentatives d'introduction d'éléments obligatoires. Les autorités compétentes (le Conseil de la médiation, le Conseil supérieur de la magistrature, le ministère de la Justice) doivent s'impliquer et mettre en œuvre un projet efficace de réforme de la médiation. Plusieurs sénateurs et députés roumains ont organisé un groupe de travail pour modifier la loi sur la médiation, mais sans résultat pour le moment.

Une table ronde, modérée par Philippe Gazagnes, a eu pour objet de faire le point sur la médiation administrative avec les intervenants. Il s'agissait de présenter la médiation administrative et de faire réagir ces témoins autour des propositions d'un groupe de travail de Gemme France, réuni autour de Philippe Gazagnes depuis l'automne dernier, pour faire des propositions d'avancées au ministre de la Justice et au Conseil d'État. Il est, par exemple, proposé la création d'un référé médiation avec (ou non) suspension de la décision administrative, le développement de l'ordonnance « 2 en 1 » pour les tribunaux administratifs ou l'obligation de médiation pour les litiges de 10 000 euros.

Jean-Pierre Vogel-Braun a présenté un retour d'expérience en tant que référent médiation au Tribunal administratif de Strasbourg. L'objectif principal des expérimentations a été de sensibiliser et diffuser la culture de la médiation en direction des magistrats, des avocats et des personnes publiques. Des ordonnances « 2 en 1 » ou de recueil d'accords (ORA) ont été instaurées pour charger un médiateur de promouvoir la médiation, recueillir les accords et, dans l'affirmative, conduire les opérations de médiation. Un pôle médiation a été créé, animé par un agent et assisté de personnes-ressources formées à la détection de dossiers dits « médiables ».

Danièle Ganancia est intervenue lors d'une autre table ronde proposant les regards croisés de magistrates et d'avocates sur la médiation et le développement des modes amiables en matière familiale. Elle a présenté la médiation familiale et internationale :

Dans les conflits de parents binationaux où l'enfant est pris en otage par-delà les frontières, la violence extrême des situations et l'impuissance des solutions judiciaires font de la médiation l'unique chance de pacification du conflit, et donc, du maintien des liens de l'enfant à ses deux parents. La médiation familiale internationale nécessite des méthodes particulières d'intervention et des compétences spécifiques du médiateur, adaptées à la distance géographique, à la violence des rapports de force des parents, à la psychologie d'un enfant amputé d'un parent, et surtout à l'impuissance des solutions judiciaires, dans la complexité du droit international et des systèmes juridiques des États. Dans ce contexte, l'accord en médiation est susceptible d'apporter plus de sécurité que la seule justice. La médiation familiale internationale, enjeu d'ordre public, nécessite en outre la mobilisation de tous les acteurs judiciaires pour que la médiation, sous-utilisée aujourd'hui, devienne le mode premier et préalable de règlement de ces conflits.

Puis, les participants ont découvert la médiation environnementale et de projet. [2]

Pierre Pelouzet, médiateur des entreprises, a développé le sujet de la médiation avec les entreprises qui construisent les installations pour les Jeux olympiques de Paris, tandis que Myriam Bacqué a présenté une médiation inédite sur les enjeux de la transition agroécologique.

Selon cette médiatrice, la médiation de projet en matière environnementale peut être définie comme un processus de dialogue destiné à accompagner la réalisation d'un projet défini, facilité par un (ou des) tiers médiateur (s), et ce en l'absence de conflit nommé. Les bonnes questions en amont permettant de prendre les décisions appropriées sur la pose du cadre collaboratif :

- Qui est le prescripteur de la médiation : qui dit quoi à qui et pour quelles intentions ?
- Quid de l'égalité entre les parties prenantes ?
- Comment recruter personnes physiques, riverains et agriculteurs de façon équilibrée et neutre ?
- Quelle place pour les mouvements citoyens informels ?
- Quelle place pour les élus et les politiques en général ?
- Comment définir un objectif commun partagé de la médiation ?

---

[2] Ces interventions seront publiées dans un ouvrage spécifique consacré aux « enjeux planétaires de la médiation : écologie, médiation environnementale et intelligence artificielle. »

La médiation de projet permet, une fois le dialogue établi, de faire émerger des pistes de solutions. Une grande partie des solutions doit être réalisée sur le plan local, d'autres, sur le plan national ou encore européen. Une question se pose dans ce contexte : que garder véritablement de l'esprit de la médiation, si ce n'est le dialogue ?

L'Honorable Louise Otis, dans un discours puissant sur la médiation environnementale, a appelé les médiateurs de tous les pays à s'impliquer pour faciliter le dialogue rompu entre la nature et l'humanité.

D'autres sujets importants ont été traités tels que :

- Les nouvelles technologies appliquées à la médiation – la médiation en ligne.
- La médiation en matière de propriété intellectuelle et la médiation à l'EUIPO (European Union Intellectual Property Office). [3]
- La secrétaire exécutive de la CEPEJ, Muriel Decot, a présenté les actions de la CEPEJ pour le développement des pratiques de médiation en Europe.

La médiation s'inscrit pleinement dans la mission de la Commission européenne pour l'efficacité de la Justice (CEPEJ) de renforcer l'efficacité de la justice en Europe, en ceci qu'elle est un moyen efficace de désengorger les tribunaux. Le but (et l'une des raisons pour laquelle la CEPEJ a été instituée) : offrir aux États des solutions effectives pour prévenir les violations du droit à un procès équitable dans un délai raisonnable (Article 6 de la Convention européenne des droits de l'Homme), et ainsi contribuer à limiter les recours devant la Cour européenne des droits de l'homme. Les avantages de la médiation ne se limitent pas à délester les tribunaux d'une partie de leur charge de travail. Elle est aussi et peut-être avant tout profitable pour les parties et les justiciables, ultimes bénéficiaires des politiques de justice. En effet, la médiation permet un règlement plus rapide du litige, mais aussi de mieux répondre tant aux intérêts qu'aux

[3] Les interventions développées ci-dessous concernant les institutions européennes ont fait l'objet d'un livre spécifique intitulé « Médiation et institutions européennes, GEMME, 20 ans déjà ! », Éd. L'Harmattan, 2 023.

besoins des parties et optimise leur satisfaction vis-à-vis des résultats. Autant de raisons pour lesquelles la CEPEJ a pour objectif d'œuvrer au développement de l'usage de la médiation en Europe. Pour ce faire, il élabore depuis 2007 des lignes directrices et outils pratiques à l'attention des acteurs de la médiation et des autorités publiques sur des sujets tels que la formation et la qualification à la médiation, l'accès à la médiation, la sensibilisation des professions judiciaires et des usagers de la justice, etc. Certains de ces outils ont été élaborés conjointement avec les organisations représentant les professions judiciaires concernées. Le Manuel européen pour le développement des législations nationales en matière de médiation, également développé par la CEPEJ, est un document essentiel pour les États qui souhaitent développer un cadre juridique propice au développement de la médiation en s'inspirant des meilleures pratiques issues des autres pays européens.

La médiation au Conseil de l'Europe (avec un exemple de médiation et de médiation de groupe) a été présentée par Martine Van der Wielen et Béatrice Brenneur :

Pour ces médiatrices, un groupe n'est pas une juxtaposition de personnes ; c'est une entité distincte. La pensée collective n'est pas le reflet de la pensée individuelle des membres du groupe. Dans un groupe, bien souvent la majorité reste silencieuse pour conserver l'harmonie. Officiellement, tout va très bien. On peut parler de la « non-pensée » du groupe. L'opposant devient le bouc émissaire, responsable de la mauvaise ambiance. Le rôle du médiateur est de faire nommer le conflit et de favoriser la liberté d'expression des membres du groupe. Il utilise différentes techniques afin que s'exprime la majorité silencieuse.

D'autres perspectives ont été envisagées avec un travail de réflexions sur :

- La médiation de la consommation en ligne en Allemagne.
- L'intelligence artificielle, le nouveau terrain de jeu de la médiation ?

Un communiqué de presse du Médiateur des Entreprises indiquait que le recours à la médiation avait été multiplié par 10 pendant la crise de la COVID. Les pouvoirs publics présentent la médiation comme un mode incontournable du règlement des différends au XXIe siècle. Mais quelle sera son évolution dans ce monde en totale et profonde mutation sur le plan de l'intelligence artificielle, des logiques algorithmiques et des médiations « robotisées » ? La médiation constitue-t-elle le dernier rempart à la distanciation entre les individus, la dernière voie de sauvegarde des relations humaines. Comment d'une part, préserver l'éthique et la déontologie et d'autre part, utiliser l'IA dans un but d'efficacité, de productivité, voire d'objectivité ? Réflexions sur l'article 4. 3 de la loi n° 2019-222 du 23 mars 2019 de programmation 2018-2022 et de réforme pour la justice dispose, concernant les services de médiation ou de conciliation en ligne, que le processus ne peut avoir pour seul fondement un traitement algorithmique ou automatisé des données à caractère personnel. Comment ignorer les modifications à venir dans les relations humaines avec l'utilisation du métaverse ? Les utilisateurs pénètrent dans un espace virtuel, partagé en 3D avec l'aide d'outils qui les autorisent à interagir avec d'autres personnes et dans d'autres lieux. L'intelligence artificielle (IA) et l'apprentissage automatique (AA) joueront tous les deux un rôle fondamental dans le développement du métaverse. Ces nouveaux dispositifs seront des enjeux de puissance et de domination.

Pour conclure la dernière journée des Assises internationales, une dernière table ronde, modérée par Alain Ducass, proposant quelques pratiques de médiation dans le monde :

- La médiation commerciale au Maroc
- Les avancées de la médiation dans l'espace OHADA
- La « médialabre »
- L'exemple du Québec
- La médiation au Vietnam, au Japon et en Chine — En Asie, les modes alternatifs de règlement des litiges sont le fruit d'une longue tradition. Dans des sociétés très hiérarchisées où sont valorisées les relations familiales et de voisinage et où l'on répugne à (faire) perdre la face, le procès est vécu comme une atteinte à l'honneur.

La médiation comme expression de la culture de l'harmonie et instrument de cohésion sociale prend donc toute sa place. Médiation ou conciliation ? Les deux modes sont souvent confondus, mais peu importe pourvu qu'une solution amiable soit trouvée pour mettre fin aux différends afin de préserver les liens.

Alors, rêve ou réalité ? À vous de répondre !

La réalité de ces derniers jours, ce sont la nomination des 9 ambassadeurs de l'amiable ayant pour mission de diffuser et promouvoir l'amiable dans les juridictions, de même que la nomination de Frédérique AGOSTINI, première présidente du Conseil national de la médiation.

Le travail continue… Ensemble !

PARTIE I

LES AVANCÉES EUROPÉENNES

CHAPITRE I

LA FRANCE

I. La politique de l'amiable

Par **Éric Dupond-Moretti**,
garde des Sceaux, ministre de la Justice[1]

Oui, la politique de l'amiable est un véritable changement de culture, une révolution des pratiques pour les magistrats, mais aussi pour les avocats et les justiciables pour qui nous travaillons tous.

Certes, en la matière, nous ne partons pas de rien et l'amiable n'a pas vu le jour en janvier dernier.

Depuis la loi du 8 février 1995, premier texte d'envergure sur l'amiable, de multiples textes législatifs ont témoigné du volontarisme du ministère en la matière.

Qu'il me soit par exemple permis de citer la loi du 23 mars 2019 qui est venue consacrer l'obligation de tenter une démarche amiable préalable à la saisine des juridictions. Ce texte a également permis au juge d'enjoindre aux parties de rencontrer un médiateur pour lever, par une information adaptée, les réticences à s'engager dans un processus amiable.

On peut citer aussi, plus récemment, l'apport de la loi pour la confiance dans l'institution judiciaire qui a créé le Conseil

---

[1] Le discours du ministre est accessible sur le site de GEMME-France. https://gemme-france-mediation.fr/2023/06/03/ixes-assises-internationales-de-la-mediation-discours-du-garde-des-scaux-ministre-de-la-justice/

National de la Médiation, que j'ai évoqué tout à l'heure, et développé des services en ligne de conciliation, médiation, arbitrage, dans l'objectif de rendre le recours aux modes amiables plus simple et plus sûr.

Mais nous allons aller plus loin.

Car la pratique de l'amiable ne doit pas être limitée à quelques contentieux.

Elle ne doit pas non plus être pratiquée par quelques initiés qui acceptent de prendre sur leur temps de travail pour monter des projets pilotes ou des bonnes pratiques. Elle ne doit pas enfin se traduire pour le magistrat par une augmentation de son stock, car oui, faire de l'amiable, cela prend du temps.

Tout cela, vous le savez d'expérience, Mesdames et Messieurs les Magistrats, vous qui êtes des praticiens de l'amiable convaincus.

Je vous propose donc de mettre au vert, tous ensemble, les feux de l'amiable.

Comment donc allons-nous procéder et par quels moyens allons-nous mettre en œuvre cette politique ?

– Le premier levier que je souhaite mobiliser est celui de la formation, depuis l'université jusqu'à l'ENM et les écoles d'avocats.

Je le dis sans ambages : depuis la première année de faculté, nous avons été biberonnés à la culture du contentieux. Nous avons étudié des arrêts de cour suprême, nous maîtrisons la procédure judiciaire ou administrative, bref, nous pensons qu'un bon litige se résout par un beau jugement.

Nous en oublions parfois que la justice peut se rendre, et bien se rendre, en dehors des prétoires. Ce changement de culture commencera donc par la formation de nouvelles générations de juristes, d'avocats et de magistrats, à l'amiable.

– Le second levier vous concerne plus directement : il s'agit d'inciter les magistrats, les avocats, mais aussi des justiciables, à avoir recours à l'amiable. L'amiable doit être payant pour tous.

Payant pour l'avocat, qui fera évoluer des pratiques, sera mieux rétribué et qui verra sa clientèle attirée par la promesse d'un litige résolu de manière collaborative et maîtrisée.

Payant pour le magistrat dont l'investissement en la matière sera valorisé lors de son recrutement, de son évaluation et même dans ses statistiques.

Payant pour le justiciable enfin qui se réappropriera son procès et verra son litige tranché rapidement.

– Le troisième levier : incarner cette politique de l'amiable dans notre Code de procédure civile.

Pour donner davantage de visibilité et de lisibilité aux modes de règlements amiables, nous allons tout d'abord réunir les dispositions éparses qui régissent la matière au sein d'un même livre du Code de procédure civile qui leur sera exclusivement consacré.

Nous allons également introduire le principe de coopération des acteurs du procès civil et celui de proportionnalité procédurale, qui découlent de notre droit actuel et que l'on trouve déjà dans les règles européennes de procédure civile.

Cela va conduire à repenser la mise en état. Les parties, assistées de leurs avocats, décideront de l'orientation de la procédure, soit vers une voie amiable courte, soit vers une voie contentieuse nécessairement plus longue. Si la voie de l'amiable réussit, l'accord ainsi obtenu sera homologué dans le mois de sa réception au tribunal.

Pour compléter l'offre déjà existante en matière de règlement amiable, j'ai enfin souhaité l'instauration de deux nouveaux outils procéduraux : la césure et l'audience de règlement amiable.

- La césure va consister à faire trancher par le juge les points nodaux du litige pour permettre, ensuite, la résolution des points subséquents par le biais d'une médiation.
- L'audience de règlement amiable, d'inspiration québécoise, donnera aux parties, assistées de leurs avocats, la possibilité de dialoguer directement avec leur juge.

Cette ARA se distingue des autres modes alternatifs de règlement des différends par le rôle central du juge qui, en rappelant les grands principes de droit applicables à la matière, va permettre aux parties d'affiner leurs positions et de les faire converger.

Les retours de consultations témoignent de l'intérêt des professionnels à l'égard de ces nouveaux dispositifs. Et nous avons largement pris en compte les remarques formulées à l'égard du projet de décret qui a été transmis cette semaine au Conseil d'État.

Dernier axe de notre politique : la mise en place d'outils de pilotage et d'évaluation.

Ces derniers seront opérationnels dès l'automne ainsi que les outils informatiques nécessaires à la mise en place de la césure et de l'audience de règlement amiable. C'est ainsi que nous accompagnerons et ferons vivre dès maintenant la culture de l'amiable.

II. PANORAMA DE LA MÉDIATION EN FRANCE

Par **Christophe SOULARD**,
Premier président de la Cour de cassation

Représenté par **Frédérique AGOSTINI**,
conseillère à la Cour de cassation, présidente du Conseil National de la Médiation (CNM), vice-présidente de GEMME-France

La loi n° 95-125 du 8 février 1995 instaurant la médiation judiciaire va bientôt fêter ses trente ans. Les efforts des pionniers de la médiation, avocats, magistrats, médiateurs, universitaires, représentants de la société civile portent leurs fruits : les pratiques juridictionnelles s'enrichissent de dispositifs innovants et les acteurs judiciaires s'acculturent progressivement à l'amiable.

Le législateur a accompagné ce mouvement et trois lois importantes sont intervenues au cours des dernières années.

- La loi n° 2016-1547 du 18 novembre 2016 a imposé à peine d'irrecevabilité de la déclaration au greffe du tribunal d'instance que le juge peut soulever d'office, une tentative de conciliation devant un conciliateur de justice (si l'objet du litige est inférieur à 4 000 euros), a prévu la possibilité de recourir à la procédure participative assistée par avocat même si le juge est déjà saisi du litige, a introduit la médiation judiciaire devant les tribunaux administratifs et a expérimenté une tentative de médiation obligatoire dans 11 tribunaux en cas de demande modificative d'une décision ou d'une convention ayant fixé une contribution alimentaire pour l'entretien d'un enfant ;
- La loi n° 2019-222 du 23 mars 2019 de programmation 2018-2022 et de réforme pour la justice a permis à tout juge, en application l'article 22-1 de la loi du 8 février 1995, de faire injonction aux parties de rencontrer un médiateur pour être informées sur l'objet et le déroulement d'un processus de médiation ;
- La loi n° 2021-1729 du 22 décembre pour la confiance dans l'institution judiciaire comporte plusieurs dispo-

sitions facilitant le recours aux MARD et a créé le Conseil national de la médiation.

Le Code de procédure civile, régulièrement enrichi, en dernier lieu par le décret n° du décret n° 2022-245 du 25 février 2022, comporte aujourd'hui un corpus assez dense, substantiel et processuel. Ainsi, la médiation judiciaire est l'un des outils à disposition du juge avec la conciliation et la procédure participative et les actes de procédure d'avocat.

Le comité des États généraux de la justice a fait siennes les propositions du groupe thématique « Simplification de la justice civile » animé par le Président du tribunal judiciaire de Paris, promoteur des modes amiables, appelant à la mise en œuvre d'une politique nationale de l'amiable en soutien des initiatives des juridictions. En janvier dernier, le ministre de la justice français a pris toute la mesure de cette aspiration en faisant de l'amiable en matière civile un axe essentiel et ambitieux de son plan pour une justice plus rapide et plus efficace, initiant l'intégration dans nos procédures de l'audience de règlement amiable et de la césure que connaissent plusieurs systèmes étrangers et en annonçant la mise en cohérence des textes.

La loi n° 95-125 du 8 février 1995 instaurant la médiation judiciaire va bientôt fêter ses trente ans.

Les efforts des pionniers de la médiation, avocats, magistrats, médiateurs, universitaires, représentants de la société civile portent leurs fruits : les pratiques juridictionnelles s'enrichissent de dispositifs innovants et les acteurs judiciaires s'acculturent progressivement à l'amiable.

Le législateur a accompagné ce mouvement et trois lois importantes sont intervenues au cours des dernières années. La loi n° 2016-1547 du 18 novembre 2016 a imposé à peine d'irrecevabilité de la déclaration au greffe du tribunal d'instance que le juge peut soulever d'office, une tentative de conciliation devant un conciliateur de justice (si l'objet du litige est inférieur à 4 000 euros), a prévu la possibilité de recourir à la procédure participative assistée par avocat même si le juge est déjà saisi du litige, a introduit la médiation judiciaire devant les tribunaux administratifs et a expérimenté une tentative de médiation obligatoire dans 11 tribunaux en cas de demande modificative d'une décision ou d'une convention ayant fixé une contribution alimentaire pour l'entretien d'un enfant ; la loi n° 2019-222 du 23 mars 2019 de programmation 2018-2022 et de réforme pour la justice a permis à tout juge, en application l'article 22-1 de la loi du 8 février 1995, de faire injonction aux parties de rencontrer un médiateur pour être informées sur l'objet et le déroulement d'un processus de médiation ; la loi n° 2021-1729 du 22 décembre pour la confiance dans l'institution judiciaire comporte plusieurs dispositions facilitant le recours aux MARD et a créé le Conseil national de la médiation.

Le Code de procédure civile, modifié par le décret n° du décret n° 2022-245 du 25 février 2022, comporte aujourd'hui un corpus assez dense, substantiel et processuel. Ainsi, la médiation judiciaire est l'un des outils à disposition du juge avec la conciliation et la procédure participative et les actes de procédure d'avocat.

Le comité des États généraux de la justice a fait siennes les propositions du groupe thématique « Simplification de la justice civile » animé par le président du tribunal judiciaire de Paris, promoteur des modes amiables, appelant à la mise en œuvre d'une politique nationale de l'amiable en soutien des initiatives des juridictions.

En janvier dernier, le ministre de la justice français a pris toute la mesure de cette aspiration en faisant de l'amiable en matière civile un axe essentiel et ambitieux de son plan pour une justice plus rapide et plus efficace, initiant l'intégration dans nos procédures de l'audience de règlement amiable et de la césure que connaissent plusieurs systèmes étrangers et en annonçant la mise en cohérence des textes.

1. Médiation et procédure civile

En France, la médiation judiciaire civile est régie par les nombreuses dispositions suivantes qui en définissent l'objet, le déroulement et l'issue ainsi que le coût :

Les articles 21 et suivants de la loi 95-125 du 8 février 1995, modifiée en dernier lieu par les lois n° 2019-222 du 23 mars 2019 et 2022-1729 22 décembre 2022,

L'article de la loi n° 2016-1547 du 18 novembre 2016 de modernisation de la justice du XXIe siècle.

Les articles 255 (divorce), 373-3-2 (autorité parentale) 2 238 (prescription) du Code civil ;

L'article L. 11-3 du Code des procédures civiles d'exécution (art. L111-3)

Les articles 21, 127 à 131-15, 184, 784 et 785, 750-1, 910-1, 1 012, 1 071, 1 565 et 1 568 du Code de procédure civile, modifié en dernier lieu par les décrets n° 2022-245 du 25 février 2022 et n° 2023-357 du 11 mai 2023 ; ce code régit également la médiation conventionnelle (art. 1532 et suivants) ;

Les articles 99 à 101 du décret n° 2020-1717 du 28 décembre 2020 portant application de la loi n° 91-647 du 10 juillet 1991 sur l'aide juridictionnelle.

La médiation est avec la conciliation (art. 128 et suivants) et la procédure participative de mise en état et les actes de procédure d'avocats (art. 1 543, 1546-1, et suivants), l'un des outils procéduraux de l'amiable dont dispose le juge saisi d'un litige, appelés à être renforcés avec la prochaine instauration de l'audience de règlement amiable et de la césure, dont les textes sont en cours d'élaboration.

2. Quelle définition ?

La médiation s'entend de tout processus structuré, quelle qu'en soit la dénomination, par lequel deux ou plusieurs parties tentent de parvenir à un accord en vue de la résolution amiable de leurs différends, avec l'aide d'un tiers, le médiateur, choisi par elles ou désigné, avec leur accord, par le juge saisi du litige (art. 21 loi du 8 février 1995). Le médiateur désigné par le juge a pour mission d'entendre les parties et de confronter leurs points de vue pour leur permettre de trouver une solution au conflit qui les oppose (art. 131-1 du CPC).

3. Médiation obligatoire ou facultative ?

Il entre dans la mission du juge de concilier les parties (art. 21 du CPC).

Une médiation judiciaire ne peut être ordonnée qu'avec l'accord des parties, mais :

- À peine d'irrecevabilité que le juge peut prononcer d'office, la demande en justice doit être précédée, au choix des parties, d'une tentative de conciliation menée par un conciliateur de justice, d'une tentative de médiation ou d'une tentative de procédure participative, lorsqu'elle tend au paiement d'une somme n'excédant pas 5 000 euros ou lorsqu'elle est relative à l'une des actions mentionnées aux articles R. 211-3-4 et R. 211-3-8 du Code de l'organisation judiciaire ou à un trouble anormal de voisinage.
- Les parties sont dispensées de l'obligation mentionnée au premier alinéa dans les cas suivants : 1° si l'une des parties au moins sollicite l'homologation d'un accord ; 2° lorsque l'exercice d'un recours préalable est imposé auprès de l'auteur de la décision ; 3° si l'absence de recours à l'un des modes de résolution amiable mentionnés au premier alinéa est justifiée par un motif légitime tenant soit à l'urgence manifeste soit aux circonstances de l'espèce rendant impossible une telle tentative ou nécessitant qu'une décision soit rendue non contradictoirement soit à l'indisponibilité de conciliateurs de justice entraînant l'organisation de la première réunion de conciliation dans un délai manifestement excessif au regard de la nature et des enjeux du litige ; 4° si le juge ou l'autorité administrative doit, en application d'une disposition particulière, procéder à une tentative préalable de conciliation ; 5° si le créancier a vainement engagé une procédure simplifiée de recouvrement des petites créances, conformément à l'article L. 125-1 du Code des procédures civiles d'exécution.

En tout état de la procédure, y compris en référé, lorsqu'il estime qu'une résolution amiable du litige est possible, le juge peut, s'il n'a pas recueilli l'accord des parties, leur enjoindre de rencontrer un médiateur qu'il désigne et qui répond aux conditions prévues par décret en Conseil d'État. Celui-ci informe les parties sur l'objet et le déroulement d'une mesure de médiation.

La France expérimente depuis 2011, la TMFPO, devant 11 juridictions pilotes, qui impose une tentative de médiation préalable à peine d'irrecevabilité lorsque les parents souhaitent modifier les modalités de l'exercice de l'autorité parentale ou la contribution à l'entretien et à l'éducation d'un enfant mineur, déjà fixées par un précédent jugement ou une convention homologuée.

4. Quels litiges et quelles juridictions ?

Tous les juges, de première instance, d'appel et de cassation peuvent, en tout état de la procédure, qu'il soit saisi en référé comme au fond, proposer aux parties d'envisager une mesure de médiation, les enjoindre de rencontrer un médiateur ou ordonner une médiation judiciaire (Art. 22-1 loi 8 février 1995).

Tous les litiges peuvent faire l'objet d'une proposition de médiation par le juge et tous les justiciables peuvent demander au juge d'ordonner une telle mesure ;

Sauf : En matière familiale si des violences sont alléguées par l'un des époux sur l'autre époux ou sur l'enfant, ou sauf emprise manifeste de l'un des époux sur son conjoint.

5. Quand ? Avant, pendant et après le procès

Article 6. 1 § 2 du RIN[2] : l'avocat « fournit à ses clients toute prestation de conseil et d'assistance ayant pour objet, à titre principal ou accessoire, la mise en œuvre des règles ou principes juridiques, la rédaction d'actes, la négociation et le suivi des relations contractuelles. »

Il est recommandé à l'avocat d'examiner avec ses clients, lors de la rédaction d'un acte juridique ou préalablement à toute

---

[2] Article 3. 7. 1 du code de déontologie de l'avocat de l'Union européenne « L'avocat devra en tout temps essayer de trouver une solution au litige de son client appropriée au coût de l'affaire et devra aux moments opportuns lui prodiguer ses conseils quant à l'opportunité de rechercher un accord ou de faire appel à des solutions alternatives pour terminer le litige. »

introduction d'une action en justice ou au cours de celle-ci, la possibilité de résoudre leurs différends par le recours aux modes amiables ou alternatifs de règlement des différends. (Rédaction issue du vote de l'assemblée générale du CNB du 18 décembre 2020).

Les parties peuvent tenter de parvenir à un accord amiable en dehors de toute procédure judiciaire avec l'aide d'un tiers médiateur (art. 1 530 et 1 531 et suivants du CPC).

En tout état de la procédure, y compris en référé et jusque devant la Cour de cassation (art. 22-1 de la loi du 8 février 1995)

Y compris dans la décision statuant définitivement sur les modalités d'exercice de l'autorité parentale (art. 373-2-10 du Code civil).

6. Quel office du juge ?

Le juge prescripteur de médiation :

- Suggérer, proposer, enjoindre et ordonner
- Favoriser, accompagner et appuyer
- Homologuer les accords issus de médiation judiciaire
- Le juge compétent pour connaître du fond :
- Trancher les désaccords subsistants
- Homologuer les accords issus de médiations conventionnelles
- Connaître du contentieux des accords dotés de la force exécutoire
- Le juge administrateur de justice :
- Promouvoir les MARL et la médiation
- Concevoir et organiser l'amiable judiciaire comme un mode adapté à part entière de résolution des litiges
- Évaluer le recours et la mise en œuvre des MARL.

Quelles sont les sanctions en cas de refus ou d'entrave à une tentative de médiation ?

Les textes en vigueur ne prévoient pas de mesures particulières autres que celles résultant des dispositions de droit commun concernant le renvoi à une autre audience avec injonction de rencontrer un médiateur, la radiation du rôle pour défaut de diligences, la condamnation aux dépens et l'appréciation par le juge du montant des frais non compris dans les dépens.

7. Freins et facteurs favorables : Les actions devront porter sur :

- Le changement de culture
- Les questions financières : aide juridictionnelle et assurances
- La formation des acteurs
- La mise en cohérence des textes réglementaires
- La valorisation des pratiques juridictionnelles en faveur de l'amiable

8. Le statut du médiateur judiciaire en France

A. Appartenance obligatoire à un groupement ou à une association

Il n'y a pas d'obligation d'appartenance à groupement ou une association. Le médiateur peut exercer individuellement, en adhérant ou non à un ou plusieurs groupements libéraux ou associations.

B. Listes et agréments

Tous les trois ans, il est établi, pour l'information des juges, une liste des médiateurs dressée par chaque cour d'appel (art. 22-1-A de la loi du 8 février 1995) en matière civile, commerciale et sociale (décret n° 2017-1457 du 9 octobre 2017). Cette liste, mise à disposition du public, comporte une rubrique spéciale en matière familiale et pour les services en ligne.

Les médiateurs peuvent solliciter leur inscription dans plusieurs cours d'appel, sans condition de résidence ou d'activité.

C. La constitution imminente du Conseil national de la médiation (art. 21-6 de la loi du 8 février. 1995)

La loi du 22 décembre 2021 institue un Conseil national de la médiation placé auprès du ministre de la justice chargé de : 1° rendre des avis dans le domaine de la médiation définie à l'article 21 et proposer aux pouvoirs publics toutes mesures propres à l'améliorer ; 2° proposer un recueil de déontologie applicable à la pratique de la médiation ; 3° proposer des référentiels nationaux de formation des médiateurs et faire toute recommandation sur la formation ; 4° Émettre des propositions sur les conditions d'inscription des médiateurs sur la liste prévue à l'article 22-1 A.

Ce Conseil réunira des personnalités qualifiées ainsi que des représentants des associations intervenant dans le champ de la médiation, des administrations, des juridictions et des professions du droit. Une majorité des membres ont une expérience pratique ou une formation à la médiation (art. 21-7).

Le décret n° 22-1353 du 25 octobre 2022 récemment modifié par le décret n° 2023-357 du 11 mai 2023 en précise la composition.

D. Formations de base, spécialisées et permanentes :

À ce jour, les seules exigences de formation posées par le Code de procédure civile résultent de l'article 131-5 qui dispose que la personne physique qui assure l'exécution de la mesure de médiation doit satisfaire aux conditions suivantes : 3° Posséder par l'exercice présent ou passé d'une activité, la qualification requise eu égard à la nature du litige ; 4° justifiés, selon le cas, d'une formation ou d'une expérience adaptée à la pratique de la médiation ; 5° présenter les garanties d'indépendance nécessaires à l'exercice de la médiation.

Le médiateur peut être donc désigné par le juge même s'il n'est pas inscrit sur la liste.

Il n'existe pas de diplôme obligatoire pour l'exercice de la médiation, mais des formations.

Il n'existe pas de spécialités en médiation autres que les rubriques de la liste. La détention du diplôme d'État de médiateur familial n'est pas une condition d'exercice de la médiation familiale : les médiateurs non diplômés d'État peuvent demander leur inscription à la rubrique « médiateurs familiaux ».

Les juges sont invités à porter attention à la formation continue et l'appartenance à un groupe d'analyse de pratique ou supervision.

L'exercice de l'activité de médiation peut être réservé par les instances professionnelles à ceux de leurs membres dont l'aptitude a été contrôlée. Il existe des listes nationales des membres de certaines professions exerçant la médiation.

Il en est de même dans certains domaines particuliers (Décret n° 2015-1382 du 30 octobre 2015 relatif à la médiation des litiges de la consommation, décret n° 2015-1607 du 7 décembre 2015 relatif aux conditions de désignation des médiateurs d'entreprises.)

9. Comment aller plus loin en France ?

A. Convaincre de l'ambition que représente pour une justice de qualité la mise en œuvre des voies amiables à l'ombre du juge ou avec l'appui du juge :
   i. L'amiable : une étape nécessaire au sein d'un processus judiciaire de règlement d'un litige
   ii. L'amiable : un service de justice complémentaire, voire équivalent au service contentieux.

B. Former les acteurs judiciaires et valoriser leur engagement : avocats, magistrats, greffiers et médiateurs, dans leur office de prescripteurs, accompagnateurs et d'administrateurs de justice.

C. Consolider et pérenniser les pratiques en marche dans le cadre d'une politique de l'amiable au cœur de la justice civile annoncée par le ministre de la Justice dans la suite des états généraux venant au soutien des initiatives des juridictions :
   - Des moyens confortant l'office contentieux du juge civil
   - Des outils adaptés à la souplesse et permettant l'évaluation du recours à l'amiable
   - Des textes mis en cohérence
   - Vers l'émergence de principes généraux de l'amiable ou d'un principe d'équivalence ?

III. La médiation à la cour d'appel de Paris

Par **Jacques BOULARD**,
Premier Président de la cour d'appel de Paris

Représenté par **Jean-Paul BESSON**,
Premier président de chambre à la cour d'appel de Paris

M. Jacques BOULARD, Premier président de la Cour d'appel de Paris est désolé de ne pas pouvoir se joindre à nous aujourd'hui et m'a chargé de le représenter afin de vous faire part de sa volonté et son engagement en faveur d'un recours accru à la médiation, notamment en matière familiale, et de vous présenter ce qui a été mis en place au sein de sa cour depuis 2010.

1. La médiation est développée par les magistrats des chambres de la famille depuis 2010

A. Création en 2010 d'actions au sein des chambres en charge des affaires familiales afin de favoriser le recours à la médiation en envoyant systématiquement aux avocats des parties des propositions d'entretien avec un médiateur avant l'audience.

B. Signature en 2017 par Mme Chantal Arens, première présidente de la cour d'appel de Paris, d'une convention relative à la médiation avec les 9 barreaux du ressort de la cour (île de France) dans le cadre de l'Unité des modes amiables de résolution des différends (l'UMARD). Depuis lors, le Tribunal judiciaire d'Évry est juridiction pilote pour expérimenter la tentative de médiation familiale préalable obligatoire (la TMFPO).

C. Création en 2019 d'un espace médiation, avec deux salles mises à disposition des médiateurs et des parties pour permettre à l'animatrice du pôle d'organiser avec 4 médiateurs référents (2 médiateurs privés et 2 médiateurs représentant les associations de médiation conventionnées). Présence également d'un médiateur à chaque audience des chambres de la famille afin que les parties et leurs avocats qui le souhaitent bénéficient immédiatement d'un entretien gratuit d'information sur la médiation.

D. Depuis 2020, à la suite d'une note de M. Jean-Michel HAYAT, Premier président de la Cour d'appel de Paris, les médiations sont dorénavant proposées par les magistrats soit en amont de l'audience, lors de l'orientation du dossier (et ordonnées en cas d'accord des parties pendant le cours de la procédure),
   - Soit lors de l'audience avec la présence du médiateur,
   - Intégrées dans la décision rendue (médiation dite « postsentencielle »).

E. Pour favoriser davantage encore le développement de la médiation, les chambres de la famille de la Cour d'appel de Paris travaillent à l'établissement de la liste des médiateurs, ont créé des groupes de travail avec les médiateurs et ont participé à des formations pour les magistrats. Elles ont également créé des trames qui formalisent l'injonction de se rendre à une séance d'information sur la médiation, des blocs de motivation à insérer dans les arrêts, l'objectif étant de simplifier les procédures et de réduire la charge de travail que la mise en place de la médiation représente pour le magistrat et le greffe.

F. Nomination en 2022 de trois magistrats-référents pour toute la Cour d'appel de Paris en matière de médiation dans tous les domaines civils, commerciaux et sociaux.

G. Cette politique volontariste a permis de développer un travail collectif ayant pour but de rendre une justice axée sur la qualité de la réponse de la cour dans des dossiers très conflictuels et complexes (droit international privé, dossiers d'expatriés, très gros patrimoines).

2. La médiation se heurte néanmoins à plusieurs obstacles :

A. Elle exige un véritable changement de culture, tant chez les professionnels du droit que chez les justiciables :

- Pour le juge, car la « conciliation » de manière générale, vient heurter l'imperium alors qu'elle devrait être considérée comme une autre manière de trancher le litige.
- Pour les justiciables qui n'y sont pas toujours favorables et qui parfois la considèrent comme une voie de délestage, les privant d'un accès au juge.
- Pour les avocats, parfois, qui considèrent le médiateur, non comme un partenaire, mais comme un rival.

B. Elle entraîne de manière certaine :
  - Un coût financier : qui reste à la charge du client, même si le Garde des Sceaux a augmenté les fonds dédiés à l'aide juridictionnelle. Le fait que les avocats seront mieux payés (aide juridictionnelle ou non) en cas de médiation sera incontestablement un facteur favorable à son développement.
  - Le barème CNAF-Justice permet également la prise en charge financière de la médiation dans de bonnes conditions par les associations conventionnées.
  - Une charge de travail supplémentaire pour le greffe et pour le magistrat : l'enregistrement, la désignation du médiateur, le suivi du dossier de retour de médiation, la rédaction de l'ordonnance de prolongation de la médiation.

3. Il est envisagé plusieurs nouvelles expérimentations au sein de la cour d'appel de Paris ;

A. Mise en place en avril 2023 d'un recours à la médiation avec présence systématique d'un médiateur à chacune des audiences de la chambre des mineurs (assistance éducative) grâce à la création d'un nouvel article 375-4-1 du Code civil.

B. Réflexion en cours depuis le mois de mai 2023, sous l'impulsion de M. Jacques Boulard, premier président de la cour d'appel de Paris, sur la création à titre expérimental d'une chambre de l'amiable ou de la médiation.

Il convient de rappeler que, devant la cour, l'accord de médiation ne pourra pas être homologué comme en première instance, par le greffier dans le mois de son dépôt, puisqu'à ce stade la cour d'appel est précisément saisie d'une décision judiciaire sur laquelle elle va devoir statuer.

Une médiation systématiquement proposée pour les dossiers de divorce soumis à l'article 905 du CPC, c'est-à-dire les dossiers urgents, dits de « circuit court » : appel d'un jugement du juge aux affaires familiales, d'une ordonnance du juge de la mise en état.

Orientation des dossiers dès leur enregistrement au Greffe civil central vers la chambre de la médiation du pôle famille. Triple avantage :

- Faire intervenir la médiation très en amont en cour d'appel, avant que le conflit ne continue à s'enkyster entre les parties, multipliant ainsi ses chances de réussite ;
- Donner au justiciable, lorsqu'un accord est trouvé, une réponse rapide dans ces dossiers soumis au circuit de l'urgence,
- Réduire le délai global de traitement en appel des procédures concernées, en évitant la multiplication des incidents qui jalonnent la procédure avant que le dossier ne vienne enfin à l'audience ;

Cette chambre de la médiation serait également le cadre tout à fait adapté pour la mise en place de <u>l'audience de règlement amiable</u> (l'ARA) récemment créée en France sur le modèle de la conférence de règlement amiable québécoise, et vers laquelle les parties pourront être systématiquement orientées, sur leur demande ou d'office par le juge.

C'est ainsi que la cour d'appel de Paris reste, depuis 2010, comme une cour précurseur en matière de recours à la médiation et poursuit sa volonté de généralisation progressive de la médiation dans les différentes chambres de la cour.

IV. La médiation devant la Cour d'appel de Colmar

Par **Valérie DELNAUD**,
Directrice de cabinet de M. Eric DUPOND-MORETTI,
Garde des Sceaux, ministre de la Justice,
ancienne première présidente de la Cour d'appel de Colmar,
ancienne ambassadrice de la médiation.

Monsieur le président,

Mesdames et messieurs,

C'est un très grand plaisir pour moi d'intervenir à l'occasion de 20 ans du GEMME lors de ces 9es assises internationales de la médiation.

Ces vingt années ont permis, sous votre impulsion, le développement de la médiation. Tout d'abord en lui consacrant une place à part entière et en quelque sorte en la banalisant.

Dans les procédures civiles désormais, l'injonction de rencontrer un médiateur peut être ordonnée par les juges à tous les stades et en toute matière. Ainsi, chaque magistrat doit se demander, lors du premier appel de dossier, comme à l'issue de la mise en état si une médiation peut être proposée. Ce pouvoir d'injonction est un outil très important, et tous les praticiens le constatent très efficace.

La médiation peut même désormais être mise en place au moment du prononcé d'une décision, pour en faciliter l'exécution comme en matière familiale.

Reste que si le dispositif est connu de tous, nous devons faire le constat que le recours à la médiation est loin d'être généralisé. Ou, pour le dire autrement, la bonne compréhension de l'intérêt d'une solution amiable est loin d'être généralisée.

Vous conviendrez avec moi que ce constat est loin de se limiter aux rapports entre parties à un procès. La recherche d'un rapport de force, l'affrontement voire la violence verbale sont souvent la règle dans en cas de désaccord. La justice n'est pas un sanctuaire protégé et par hypothèse, elle traite de dossiers contentieux, dans lesquels l'affect est souvent très présent.

La promotion, le développement de l'amiable sont donc de l'ordre d'un changement culturel pour les justiciables, qui nécessite d'identifier les freins et les moyens de les surmonter.

Mais les freins existent également chez de nombreux magistrats qui ont encore parfois le sentiment de ne pas remplir leur office lorsqu'ils envoient un dossier en médiation.

Enfin les freins sont nombreux chez beaucoup d'avocats, qui pensent souvent qu'un dossier donnant lieu à une médiation sera moins rentable et il est évidemment parfaitement légitime que les avocats se soucient de la rentabilité de leur activité.

Au-delà de ces a priori qui nécessitent encore et inlassablement des efforts de pédagogie, certains freins peuvent être levés.

En premier lieu, il faut (encore !) combattre l'idée que certains dossiers sont trop conflictuels pour tenter une médiation, ou que si des négociations ont déjà eu lieu, il est inutile de tenter une médiation.

Je dirais au contraire que les dossiers les plus conflictuels sont parfaits pour les médiations !

Lorsque j'étais présidente de tribunal judiciaire, j'ai été à plusieurs reprises saisie de demande d'évacuation de sites occupés. J'étais alors face à des conflits du travail dur, des négociations qui ont échoué, un piquet de grève en place depuis plusieurs jours, de salariés extrêmement déterminés et des relations très tendues avec la direction, une centaine de représentants dans la salle d'audience avec les chasubles de leur syndicat.

Lorsque vous présidez les référés, le problème juridique n'est pas très compliqué à résoudre, mais les conséquences de la décision à venir, si l'intervention des forces de l'ordre se déroule mal, peuvent être dramatiques.

J'ai proposé dans chacune de ces situations une médiation, celle-ci a systématiquement été acceptée et a abouti à une évacuation négociée des lieux.

En ce type d'espèce, la médiation est possible, car la proposition vient du juge : ainsi, dans le rapport de force qui s'est installé, aucune partie ne perd la face.

Dans une telle situation, il faut trouver un médiateur disponible immédiatement et pendant les 48 heures qui suivent la décision ; il faut donc que le président recherche le bon médiateur et s'assure de sa disponibilité entre l'autorisation d'assigner d'heure à heure et l'audience.

On le voit : y compris lorsque le conflit est particulièrement vif, le juge peut convaincre les parties et mettre en place une médiation.

Cet exemple me permet d'évoquer un 2e frein : Force est de constater que les magistrats qui envisagent de mettre en place une médiation sont souvent en difficulté pour choisir le bon médiateur :

1- Le recours à une structure mise en place par le barreau local ou la chambre des notaires, s'il permet d'avoir généralement des garanties sur la qualité de la formation, ne permet pas de choisir son médiateur ;
2- La liste établie au niveau de chaque cour d'appel est peu exploitable, faute de renseignements sur l'expérience des médiateurs.

Or, la promotion de la médiation passe par une bonne connaissance des médiateurs et de leurs qualités sur le ressort. À cet égard, le rôle du référent dans chaque juridiction est déterminant et doit encore être renforcé.

Pour conclure, je dirai que si les outils juridiques sont désormais disponibles ou sur le point de l'être, je pense en particulier à la césure, si les magistrats et avocats sont globalement formés, il nous appartient, encore, de combattre de nombreuses idées pour promouvoir la médiation.

Tout d'abord, non : l'amiable n'est pas promu pour désengorger les juridictions. Cette idée, répétée à l'envi par les détracteurs est particulièrement réductrice.

Nous devons faire progresser l'idée que l'aboutissement d'une procédure par un accord est préférable à un jugement, car elle permet une décision rapide et exécutée ; cette procédure est donc économique pour les justiciables.

Nous devons faire progresser l'idée que la recherche de la solution amiable peut être pertinente pour toutes les procédures. Il serait par exemple particulièrement utile que les experts automobiles ou en matière de construction se forment à la médiation, et que le juge des référés puisse les désigner en cette qualité et non en qualité d'expert, permettant ainsi, dès ce stade le règlement du conflit.

Enfin, nous, magistrats judiciaires, pouvons également nous inspirer des pratiques des tribunaux administratifs qui se sont emparés avec efficacité de l'amiable : je pense par exemple aux pôles sociaux qui pourraient développer le recours à la conciliation dans le cadre des recours contre les décisions MDPH ou de l'URSSAF.

Je suis convaincue que le succès de la révolution culturelle de l'amiable passe par l'inventivité des magistrats et leur force de persuasion. Elle passe également sans doute par des mesures incitatives pour les avocats. En cette matière, comme dans toutes les autres, c'est ensemble que nous progresserons.

CHAPITRE II

L'ESPAGNE

Par **Pascual ORTUÑO-MUNOZ**,
magistrat honoraire,
membre fondateur du Groupement européen
des magistrats pour la médiation (GEMME)

Introduction

Le système judiciaire espagnol est l'héritier d'une conception extrêmement fermée et bureaucratisée de la troisième branche de l'État de droit. Les composantes d'un système autoritaire sont, d'une part, la délégation exclusive du pouvoir juridictionnel aux cours de justice, ce qui explique que, pendant la dictature, la méfiance à l'égard de toute forme de participation des citoyens à la justice s'est accrue. D'autre part, ces modèles dictatoriaux maximisent le positivisme juridique, en ce sens que tous les types de conflits, dans n'importe quel domaine, doivent être soumis à la règle de droit, avec une marge très limitée pour le principe de l'autonomie de la volonté des parties. La médiation est un « tertium genus » étranger et incompatible avec la justice bureaucratique.

La référence dans la loi espagnole de procédure civile du XIXe siècle à l'obligation de tentative de conciliation préalable dans certaines matières civiles a été supprimée. Elle n'a survécu que dans le domaine des conflits du travail avec « l'Institut de médiation, de conciliation et d'arbitrage » dans les conflits individuels et collectifs du contrat de travail ; mais la réalité est qu'il s'agit d'une étape procédurale sans contenu spécifique, puisque ces mécanismes ne sont pas pratiqués de la manière dont ils sont compris aujourd'hui dans la culture de l'ADR. Les soi-disant « juristes syndicaux » se sont limités et continuent de se limiter à agir en tant qu'authentificateurs passifs des accords conclus par les parties à un conflit, sans intervenir activement dans la recherche d'une conciliation ou d'une médiation.

1. Les origines de la médiation en Espagne

Les premières expériences d'ADR remontent aux alentours de 1990 dans le cadre de la juridiction des mineurs délinquants. Les personnes ayant commis des délits avant l'âge de 18 ans étaient jugées par des tribunaux spéciaux. Dans ces procédures, la loi sur les mineurs a introduit l'intervention d'éducateurs, d'assistants sociaux et de psychologues ayant pour mission d'informer le tribunal des faits et de proposer des mesures éducatives. Dans certaines villes de Catalogne et du Pays basque compétentes en la matière, ces équipes techniques ont commencé à mettre en place des médiations entre les mineurs délinquants et leurs victimes, avec des résultats très satisfaisants.

Parallèlement, certaines municipalités ont mis en place des équipes de médiation pour gérer les conflits de voisinage, essentiellement dans les villes où vivent des Roms ou des communautés d'immigrés étrangers.

Les débuts de la médiation en Espagne ont été marqués par la tenue, en 1994, du congrès « Médiation et lien social » dans la ville de Béziers (France) qui, en raison de sa proximité avec la Catalogne et le Pays basque, a accueilli un grand nombre de professionnels espagnols, y compris des juges. Des relations ont été établies entre des médiateurs comme Aldo Morrone du Canada, Jean-Pierre Bonafé-Smith de Lyon, et surtout le juge français Antonio Fulleda qui, en raison de son ascendance espagnole, a été l'architecte de la connexion avec le système judiciaire espagnol.

Dès le début des années quatre-vingt-dix, les premières expériences de médiation familiale ont vu le jour, introduites par un groupe de psychologues des tribunaux de la famille coordonné par Antonio Coy, qui avait fait des recherches sur ce type de pratique aux États-Unis, et par le centre Ábside, dirigé par le professeur de psychologie Trinidad Bernal, à Madrid. Le ministère des Affaires sociales a également diffusé des études sur les expériences argentines, principalement diffusées en Espagne par l'avocat et médiateur Daniel Bustelo. À cette époque, l'École de thérapie familiale de l'hôpital San Pablo de Barcelone, dirigée par Juan Luís Linares et Carmen Campo, a commencé à intervenir dans le domaine de la médiation, ce qui a porté ses fruits avec l'inauguration du premier module de formation dans ce domaine, auquel ont participé des personnalités de toute l'Europe et des États-Unis. Ce centre hospitalier public a repris gratuitement les services de médiation fournis par les tribunaux.

La première expérience pilote de médiation familiale intrajudiciaire a été mise en place dans les tribunaux de Barcelone en 1992, avec l'enthousiasme de certains juges, psychologues et travailleurs sociaux, à tel point que cela a conduit à l'organisation d'une visite de certains juges espagnols aux tribunaux de la famille de Buenos Aires pour observer « in situ » la mise en œuvre de ces services par les juges Eduardo Cárdenas et Zulema Wilde, entre autres.

2. Le lien avec le Gemme

En 2002, le juge français, Antonio Fulleda, a transmis au groupe de Barcelone l'initiative du Premier Président de la Cour de cassation française, Guy Canivet, pour la création d'une association de juges et de magistrats impliqués dans cette méthodologie. Le Comité des ministres de la Justice du Conseil de l'Europe avait déjà publié ses quatre recommandations sur les mesures familiales, administratives, commerciales et pénales, et la Commission européenne de l'époque travaillait sur le Livre vert sur les ADR, germe de la directive ultérieure sur le sujet.

Le 19 décembre 2003, la réunion constitutive du GEMME s'est tenue à Paris, en présence du premier membre espagnol,

Pascual Ortuño, et du groupe moteur, composé de Béatrice Brenneur (France), Marcelo Marinari (Italie), Éric Battistoni (Belgique), Octavio Cardona Ferreira (Portugal), Gavin Lightman (Royaume-Uni), ainsi que d'autres illustres fondateurs.

Dès lors, plusieurs colloques internationaux se sont tenus en Suisse, à Lisbonne, etc., jusqu'à la constitution de la section espagnole lors du colloque de Rome du 18 mars 2006. Cette même année, l'association GEMME-Espagne a été légalement et administrativement formalisée, et le Conseil Général du Pouvoir judiciaire a été informé de son existence afin d'établir les lignes directrices d'une collaboration qui impliquait, entre autres, l'établissement dans le curriculum de l'École Judiciaire Espagnole d'une semaine d'étude théorique et pratique de la médiation pendant le cours de formation initiale, destinée à tous les nouveaux juges, ainsi que d'autres activités dans le domaine de la formation continue pour le reste de la carrière, dans les différents domaines de l'activité judiciaire.

Depuis lors, l'association a développé une activité importante sous les présidences de Pascual Ortuño, Mercedes Caso, Félix Pantoja, José Luís Utrera, Agustín Azparren, Lourdes Arastey, Luís Aurelio González, Rosalía Fernández et Carme Guil, qui est l'actuelle présidente.

On peut dire que depuis la constitution de GEMME-Espagne, cette association a été présente dans la rédaction de toutes les lois sur la médiation qui ont été adoptées par les parlements des différentes communautés autonomes, ainsi que dans les cours de formation qui ont été mis en place dans les universités espagnoles. Même pour la rédaction de la directive (CE) 58/2008, le gouvernement espagnol a nommé le magistrat Pascual Ortuño, alors président de l'association en Espagne, en tant qu'expert national. C'est justement pour faire connaître ce travail que s'est tenu en Espagne, dans la ville de Valence, les 16 et 17 novembre 2007, le premier colloque international du GEMME, qui a coïncidé avec la tenue d'une réunion du Conseil d'administration du GEMME Europe, à laquelle ont participé plus de deux cents magistrats, dont beaucoup ont reçu des bourses d'études du Conseil espagnol de la magistrature.

La mise en œuvre de la médiation en Espagne a été inégale selon les régions et les communautés autonomes. La Catalogne se distingue en introduisant la médiation familiale dans le Code de la famille en 1998, en promulguant une première loi sur la médiation en 2001 et une seconde, étendant la médiation à toutes les affaires civiles, en 2010. Le GEMME-Espagne a été particulièrement impliqué dans les travaux préparatoires de cette loi conduits par le ministère de la Justice et a promu le projet de recherche intitulé « Le livre blanc de la médiation en Catalogne », auquel toutes les universités catalanes ont participé. Le travail réalisé a été publié dans une magnifique édition papier et CD numérique, qui a également été présentée lors d'un événement international en 2009, présidé par l'ancien président de GEMME-Europe, Octavio Cardona Ferreira, dans les installations de « Cosmo-Caixa », avec plus de quatre cents participants et la collaboration de l'École judiciaire espagnole.

L'étape la plus importante pour la médiation en Espagne a été la promulgation de la loi 5/2012, qui a transposé la directive européenne susmentionnée. Afin de canaliser les attentes suscitées par l'introduction officielle de la médiation en Espagne, GEMME-Espagne a lancé le projet intitulé « Points neutres de la médiation ». L'originalité de cette initiative réside dans le fait qu'un groupe hétérogène a été constitué dans toutes les grandes villes, avec la participation de représentants du pouvoir judiciaire, du notariat, de la profession juridique, du bureau de l'avocat, des associations professionnelles de psychologie, de pédagogie, d'éducation et de travail social, ainsi que de la coordination des universités ayant des programmes de formation à la médiation. Les chambres de commerce ont également participé. Cette initiative a été présentée dans plus de cinquante villes, les commissions de gestion correspondantes ayant été créées avec pour mission de promouvoir la médiation sur leur territoire. Enfin, un congrès international s'est tenu à Madrid, inauguré par le ministre de la Justice, le président du Tribunal suprême et du Conseil général du pouvoir judiciaire, les présidents des barreaux, le délégué pour l'Espagne de l'Union européenne et la présidente de GEMME-Espagne de l'époque, Lourdes Arastey (actuellement juge à la Cour de justice de l'Union européenne).

Les travaux réalisés ont été publiés dans un livre intitulé « Symposium 2013 : un an après la publication de la loi 5/2012 ». À cette occasion a été créé le site internet « Mediation is Justice », qui rassemble divers matériaux, publie des actualités, et dispose d'une newsletter à abonnement gratuit et public. Il convient de noter qu'un grand nombre de ces « points neutres pour la promotion de la médiation » sont toujours en activité dans de nombreuses villes, se réunissent régulièrement et constituent un pôle très important pour la consolidation de la médiation et d'autres moyens alternatifs.

3. Perspectives actuelles et futures de la médiation en Espagne

Les indicateurs concernant la médiation et, en général, les ADR sont très positifs à l'horizon 2024.

A. En ce qui concerne l'administration de la justice, le CGPJ a créé de manière permanente une unité de médiation dans le but de coordonner toutes les activités menées dans ce domaine, tant en ce qui concerne la formation des juges que l'organisation d'unités de médiation dans les tribunaux. De même, des juges coordonnateurs de la médiation ont été nommés dans chaque province. La publication de matériel sur ce sujet a augmenté, et des « guides de bonnes pratiques » ont été publiés pour la médiation dans le domaine civil et commercial, dans la famille, dans les conflits du travail, et même dans le domaine de la justice réparatrice. La journée de la médiation est célébrée chaque année le 21 janvier au siège du CGPJ (Conseil de la magistrature). Sur le site web du pouvoir judiciaire, une fenêtre dédiée à la médiation a été ouverte, et la jurisprudence la plus pertinente y est publiée. Certains éditeurs juridiques ont également une section consacrée à la médiation.

Ce succès au niveau des tribunaux a toutefois eu un effet secondaire négatif pour GEMME-Espagne : le nombre de juges au sein de l'association a été réduit. Bon nombre d'entre eux ont quitté l'association, car ils considèrent que l'objectif fondamental qui a inspiré la création de l'association, à savoir faire connaître et promouvoir la médiation dans le système judiciaire, a été atteint. Cette fonction a été intégrée dans les activités ordinaires du Conseil de la Justice.

La moindre présence de juges et de magistrats au sein de l'association a été atténuée par l'inclusion de médiateurs, de psychologues, d'avocats, de greffiers et d'autres professionnels, principalement dans le domaine de la justice pénale et de la justice réparatrice. Carme Guill, magistrate spécialisée dans la justice pénale, est l'actuelle présidente de l'association et donne une impulsion à ces branches moins développées de la justice alternative. En même temps, nous essayons d'être présents dans tous les forums, en signant des accords de collaboration avec un grand nombre d'entités et en participant à des congrès et à des événements de différentes natures.

B. En ce qui concerne le gouvernement espagnol, le ministère de la Justice, en développant la Loi 5/2012 et ses règlements, a créé un registre de médiateurs et a constitué le « Forum de la Médiation » qui est composé de différentes associations de professionnels formés dans ce domaine, et dans lequel le GEMME est représenté par la présidente du GEMME-Europe Rosalia Fernández. Au cours des deux dernières législatures, deux projets de loi importants ont été présentés au parlement : le projet de loi visant à promouvoir la médiation (en 2018) et le projet de loi sur l'efficacité des procédures (2022). Aucun des deux n'a encore atteint le statut de loi en raison de la convocation d'élections générales. Le nouveau gouvernement qui vient d'être formé en novembre 2023 a déjà annoncé comme priorité de légiférer dans ce domaine afin d'introduire comme exigence procédurale, essentielle pour l'admission des demandes devant les tribunaux, l'obligation de prouver qu'une négociation préalable a eu lieu. Cette négociation peut se faire par toute méthode ADR, y compris la médiation.

C. Les Communautés autonomes développent également des politiques de promotion de la médiation, principalement en accordant un soutien financier aux entités qui fournissent des services de médiation. Les chambres de commerce et les barreaux mettent en place des services de médiation dans la plupart des provinces espagnoles. Dans le domaine universitaire, plus de quatre-vingts universités proposent déjà une formation à la médiation. Dans le domaine des affaires internationales, les grands cabinets d'avocats et les principales sociétés de conseil utilisent couramment la médiation en plus de l'arbitrage et d'autres méthodes de règlement extrajudiciaire des litiges.

En conclusion, l'horizon du développement de la médiation dans les années à venir est celui de la consolidation de cette méthodologie, et en ce sens, on peut affirmer que le travail réalisé par GEMME-Espagne a été décisif.

CHAPITRE III

LA GRÈCE

Par **MILTIADIS CHATZIGEORGIOU**,
Vice-président de la Cour Suprême

La Directive européenne a défini la médiation, et lui a donné un cadre juridique. Elle a prévu des obligations très limitées imposées aux États membres concernant le cadre procédural de la médiation (exécution des accords, confidentialité, suspension des délais de prescription, qualité de la médiation). La directive a voulu intervenir le moins possible concernant la médiation judiciaire, mais l'obligation d'imposer aux parties de rencontrer un médiateur pour qu'elles soient informées de la possibilité de recourir à cette mesure devrait être encouragée au vu de ses résultats positifs. Mais l'engagement volontaire de recourir à la médiation et de signer un accord est une caractéristique essentielle de la médiation.

En Grèce les résultats en matière de règlement extrajudiciaire des litiges sont très encourageants. Plus d'un cas sur dix soumis à la séance initiale de médiation obligatoire est résolu, et le taux des médiations volontaires est de 80 %.

Je suis très reconnaissant de l'aimable invitation à participer à la conférence internationale sur « Le développement de la médiation dans les 5 continents : Rêve ou réalité », organisée par la section française de GEMME et le Conseil international de la médiation. Cette conférence couvre un large éventail de sujets et son programme comprend de nombreux intervenants de haut niveau. Il se déroule dans les impressionnants locaux du Conseil de l'Europe.

Comme vous le savez déjà, la définition de la « médiation », qui est donnée par la directive 2008-1952/CE du Parlement européen et du Conseil, est la suivante : un processus structuré, quelle que soit sa dénomination ou sa référence, par lequel deux ou plusieurs parties à un différend tentent par eux-mêmes, sur une base volontaire, de parvenir à un accord sur le règlement de leur différend avec l'aide d'un médiateur. Cette procédure peut être initiée par les parties ou suggérée ou ordonnée par un tribunal ou prescrite par la loi d'un État membre. Elle comprend également la médiation menée par un juge qui n'est chargé d'aucune procédure judiciaire concernant le litige en question. De même, « médiateur » désigne toute tierce personne à qui il est demandé de mener une médiation de manière efficace, impartiale et compétente. La directive s'applique à la médiation dans les litiges transfrontaliers, mais bien sûr, les États membres ne sont pas empêchés d'appliquer ses dispositions aux procédures de médiation internes.

Aujourd'hui, bien après l'expiration du délai de mise en œuvre de la directive, un certain nombre d'observations peuvent être faites.

- Premièrement, dans un grand nombre de pays, l'effet direct de la directive était limité parce qu'ils disposaient déjà de systèmes de règlement extrajudiciaire des litiges opérationnels. Dans le nombre de pays restants, un cadre juridique pour la médiation a été établi et c'est certainement une amélioration. Le Danemark s'est retiré et n'est pas lié par cet acte de l'UE, mais il dispose de son propre système de médiation privée non réglementée, ainsi que d'une médiation judiciaire autorisée. Il est cependant intéressant de noter que cette distinction d'efficacité échappe aux comparaisons habituelles nord-sud ou est-ouest entre les pays.
- Deuxièmement, il a été démontré qu'il existe un nombre très limité d'obligations légales pour les États membres, dont la plupart ne sont pas liées au processus de médiation lui-même, mais au cadre procédural qui faciliterait le recours aux modes alternatifs de règlement des différends pour les parties en conflit.

D'autre part, la directive a harmonisé les garanties minimales d'exécution des accords conclus par médiation, les principes fondamentaux de confidentialité (couvrant uniquement le médiateur et son personnel administratif) et l'arrêt des délais de prescription et de prescription. Ces dispositions ont été mises en œuvre par tous les États membres de l'UE.

Il convient également de souligner qu'un facteur important pour faire de la médiation une véritable réussite est sa qualité. Ce problème a été résolu par :

- l'encouragement des codes de conduite volontaires
- la formation initiale et continue des médiateurs (dans certains États membres, cela relève du système d'accréditation et d'enregistrement).
- la mise à disposition d'informations (notamment pour le grand public).

Chacun de ces trois éléments était accompagné d'une qualification standard, « par tout moyen qu'ils [les États membres] jugent approprié », et la directive laissait les détails aux législateurs nationaux. Il existe donc actuellement une pluralité de solutions dans l'Union européenne, impliquant à la fois des dispositions légales et des pratiques d'autorégulation.

Le Code de conduite européen des médiateurs, établi avant même l'adoption de la directive, et d'autres efforts de coordination entrepris par la Commission européenne (notamment par le biais du réseau judiciaire européen et la mise à disposition d'informations pertinentes sur internet), contribue dans une certaine mesure à une l'alignement des processus de médiation dans l'UE.

CHAPITRE IV

L'ITALIE

I. Par Chiara GIOVANNUCCI ORLANDI, professeur à l'Université de Bologne (Italie)

Résumé

1. La première réflexion menée en ma qualité d'universitaire, issue d'une université aussi prestigieuse qu'est l'Alma Mater concerne la formation. Une proposition a été faite au ministère des Universités italien pour inclure la négociation et la médiation comme matière obligatoire au moins dans les cursus de droit et d'économie. De leur côté, les avocats ont augmenté le nombre d'heures de formation et amélioré la qualité de leur participation à la médiation. Quid de la spécialisation de l'avocat dans l'assistance de son client pour les procédures de médiation et de négociation assistées ?

2. Ensuite la seconde réflexion menée, porte sur la législation italienne en matière de médiation.

En 2010, la première législation italienne générale sur la médiation, introduite par le Décret législatif n° 28, a créé un modèle de médiation où la médiation est le processus et la conciliation est l'accord. C'est ainsi qu'a été réglementée la procédure de médiation, obligatoirement administrée par des organismes de médiation inscrits dans un Registre national. Le médiateur est inscrit sur la liste d'un organisme de médiation agréé par le Ministère. Il a reçu une formation spécifique (au moins 50 heures et formation continue) par des Centres de formation également enregistrés sur une liste nationale du ministère.

Ce décret législatif n° 28 a prévu la tentative de médiation obligatoire dans un certain nombre de litiges. La Cour constitutionnelle a annulé la disposition concernant la médiation préalable obligatoire seulement parce qu'elle était fondée sur un excès de pouvoir que le Parlement avait donné au gouvernement.

Cette tentative de médiation obligatoire a donc été réintroduite par la loi lors de la mini-réforme de 2 013 avec la disposition expresse de la possibilité pour la partie de choisir de ne pas poursuivre la procédure après la première rencontre. Les parties et leurs avocats qui étaient censés évaluer la « possibilité » de poursuivre ou non la procédure (c'est-à-dire un opt-out basé sur la « médiatabilité » du litige) décident souvent de s'en remettre à leur simple « volonté » de ne pas poursuivre la tentative, transformant ainsi la première rencontre en une rencontre d'information.

Il faudra attendre la récente réforme de 2 022 pour qu'il soit expressément précisé dans la loi que la première rencontre ne doit pas seulement avoir lieu, mais elle doit être effective, avec la participation personnelle des parties et de leurs avocats, qui doivent respecter le principe explicite de coopération, de bonne foi et de loyauté (article 8, 6).

51,8 % de participants à la tentative de médiation obligatoire, en 2022.

Cependant, la médiation demandée par le juge lui-même n'a pas de résultats significatifs. Seulement 1,2 % des médiations sont ordonnées par le juge. De plus, la médiation judiciaire a lieu après le début du jugement et n'affecte donc pas la réduction de la charge judiciaire.

Le nouveau modèle de médiation pourra porter pleinement ses fruits grâce, d'une part, à l'augmentation des sanctions en cas de non-participation des parties et, d'autre part, aux interventions relatives aux aides fiscales concrètes.

Tout d'abord, je voudrais remercier les organisateurs de m'avoir invitée à cette prestigieuse réunion que je considère, d'une certaine manière, comme le couronnement de ma vie académique et scientifique.

Je suis née spécialiste du procès civil à l'Alma Mater de l'Université de Bologne. Cependant, au fil du temps, mes intérêts, tant didactiques que scientifiques, se sont détournés du procès tenu devant le juge étatique, pour se réorienter en premier lieu vers l'arbitrage, en tant qu'instrument alternatif des litiges. Une « justice » qui, même si elle est en dehors du procès, aboutit à une décision qui résout le litige sur le fond, et qui demeure particulièrement plus adaptée à la résolution des litiges internationaux.

En définitive, mon intérêt pour l'impact que les conflits peuvent avoir sur les citoyens et la société m'a conduit vers les instruments réellement alternatifs au procès lui-même et en second lieu donc davantage vers la médiation.

Durant mes travaux recherches, la première référence concrète et emblématique pour moi a été constituée par les décisions et les activités de Béatrice Blohorn-Brenneur, présidente de chambre à la Cour d'appel de Grenoble. Tout est probablement parti de là et le fait d'avoir suivi son activité et toute sa production littéraire/scientifique, au point de la connaître personnellement et d'avoir approfondi le thème de la médiation à ses côtés, est ce qui m'amène à être ici aujourd'hui. J'ai donc une extrême gratitude qu'il me soit accordé le grand privilège de pouvoir faire partie de ceux qui introduisent ces prestigieuses Assises : merci Béatrice !

Je ne veux pas perdre de temps en ce début de ce congrès et je vais donc vous présenter immédiatement mes brèves réflexions.

La première réflexion menée en ma qualité d'universitaire, issue d'une université aussi prestigieuse qu'est l'Alma Mater et qui m'a accueilli toute ma vie, concerne la formation. Autrement dit, le développement de cette culture de la justice alternative, devenue au fil du temps complémentaire puis définitivement consensuelle (sans parler de l'ouvrage de Cappelletti, Access to Justice, en 1970, qui déjà la définissait comme coexistentielle).

D'ailleurs, le tournant décisif dans le système juridique italien semble enfin avoir eu lieu avec la nomination de la ministre Cartabia au poste de ministre de la Justice dans le gouvernement Draghi. La première fois que j'ai entendu personnellement Madame la Ministre, elle a fait une déclaration qui m'a beaucoup touchée : les instruments de résolution consensuelle des litiges placent le citoyen directement au sein de l'administration de la justice, avec leur participation consciente et loyale à la résolution du conflit. De l'exercice de cette possibilité/responsabilité qui est la leur, ne peut découler qu'une pacification sociale indispensable. La réduction des conflits juridictionnels n'est alors qu'une conséquence naturelle et non plus l'objet premier recherché par la médiation. Ainsi, les magistrats pourront exercer au mieux leur fonction juridictionnelle fondamentale là où elle reste indispensable. Mais pour y parvenir, tous les protagonistes de cette aventure doivent être impliqués, à commencer par les citoyens (aujourd'hui étudiants à tous les niveaux, demain parties au conflit), en passant par les avocats qui doivent travailler à leurs côtés, puis par les magistrats dont le devoir est de rendre la justice là où elle reste nécessaire.

Pour revenir à la formation, la loi invite aussi bien les magistrats que les avocats à mieux se former à la médiation, en valorisant les résultats atteints.

En ce que concerne les citoyens, les exemples significatifs concernant l'étude des conflits et des instruments pour les surmonter, se retrouvent à tous les niveaux et ne manquent pas : dès le lycée et même maintenant dès l'école primaire (je peux citer, à titre d'exemple, la passion d'un magistrat florentin, aujourd'hui à la retraite, qui, après quarante ans de pratique du droit et de soutien à la médiation, s'y consacre maintenant principalement), mais revenons à l'université.

Depuis un certain temps, bien que de manière sporadique et non sans obstacles, la médiation et les autres MARD ont trouvé une place dans les universités italiennes où des professeurs consacrent des cours à la matière, car ils en ont bien compris la valeur, mais… maintenant, il est temps d'aller plus loin.

Au moment où je vous parle, une proposition a été faite au ministère des Universités italien pour inclure la négociation et la médiation comme matière obligatoire au moins dans les cursus de droit et d'économie, mais pas seulement, compte tenu de l'impact avant tout sociologique qui accompagne ce sujet.

De leur côté, les avocats ont augmenté le nombre d'heures de formation et amélioré la qualité de leur participation à la médiation jusqu'à placer, au centre de leur attention, la question d'une éventuelle reconnaissance de la spécialisation de l'avocat dans l'assistance de son client pour les procédures de médiation et de négociation assisté.

Parmi les secteurs de spécialisation envisagés pour les avocats, aucun n'est expressément dédié à la médiation ou à la négociation. L'association UNAM (Union Nationale des Avocats pour la Médiation), déjà reconnue comme association légale spécialisée, propose donc la création d'une spécialisation de l'avocat propre aux instruments consensuels de solutions des litiges.

Tous les avocats civilistes devraient avoir une connaissance adaptée de l'existence d'outils de négociation et de règlement conciliatoire, mais il ne fait aucun doute que la reconnaissance d'un domaine de spécialisation spécifique servira à donner une qualité précise à l'avocat qui souhaite se présenter comme un spécialiste de la négociation.

Ensuite la seconde réflexion menée, porte sur la législation italienne en matière de médiation. Sur ce point je voudrais brièvement faire quelques remarques, que ma collègue Emanuela Pucci abordera plus en détail, dans le temps limité qui lui est imparti, lors de la table ronde qui suit.

En 2010, la première législation italienne générale sur la médiation, introduite par le décret législatif n° 28, a créé un modèle de médiation où la médiation est le processus et la conciliation est l'accord. C'est ainsi qu'a été réglementée la procédure de médiation, obligatoirement administrée par des Organismes de médiation inscrits dans un Registre national. Il n'y a en effet pas de médiation ad hoc dans cette loi. La procédure est conduite par un médiateur : lui-même inscrit sur la liste d'un organisme de médiation agréé par le Ministère, lequel a reçu une formation spécifique (au moins 50 heures et formation continue) par des Centres de Formation également enregistrés sur une liste nationale du Ministère.

C'est dans ce décret législatif n° 28 qu'a été prévue, avec grand émoi, la tentative de médiation obligatoire dans un certain nombre de litiges. Cette possibilité a été suivie par une réaction négative des avocats qui ont saisi la Cour constitutionnelle pour la déclarer illégitime. En réalité, la Cour qui a annulé la disposition prévoyant la médiation préalable obligatoire ne s'est pas prononcée directement sur le point de savoir si la disposition qui prévoyait cette obligation était inconstitutionnelle ou non. La Cour a, en effet, annulé la disposition seulement parce qu'elle était fondée sur un excès de pouvoir que le Parlement avait donné au gouvernement.

Cette tentative de médiation est ensuite devenue de facto effective avec la mini-réforme de 2 013 qui a réintroduit par une loi les cas de tentative de médiation obligatoire et, entre autres, la présence obligatoire d'avocats dans ces cas. Entre-temps, afin d'éviter d'autres recours spéciaux devant la Cour constitutionnelle, une modification a été apportée à la première rencontre entre médiateur et parties en tant que moment nécessaire et suffisant pour éviter la déclaration d'irrecevabilité de la demande devant le tribunal. La loi, cependant, parlait de l'obligation des parties et de leurs avocats d'exprimer leur opinion sur « la possibilité » et non pas sur la « simple volonté » de poursuivre la procédure de médiation ou de l'interrompre en exerçant une option de retrait. Rapidement, compte tenu du climat qui n'était pas encore vraiment favorable à la médiation, la disposition législative a été le plus souvent interprétée comme une première rencontre ayant un caractère seulement informatif quant à la procédure de médiation, et c'est tout à l'honneur des magistrats les plus attentifs, usant de leur pouvoir de renvoyer les parties à la médiation en cours de procès, d'avoir signalé que cette interprétation était erronée et que la première rencontre devait non seulement avoir lieu, mais être effective. Aujourd'hui encore, avec la nouvelle loi, les parties ont la possibilité d'éviter l'irrecevabilité de la demande judiciaire en participant uniquement à la première réunion, mais à condition qu'elle soit menée de manière efficace et avec la participation personnelle des parties et de leurs avocats, qui doivent respecter le principe explicite de coopération, de bonne foi et de loyauté (article 8, 6).

Depuis 2010, la mise en place d'une tentative de médiation obligatoire a permis de recueillir des statistiques effectuées sur plus de 1 700 000 demandes de médiation de 2 011 à 2 022, lesquelles ont été publiées par le gouvernement en italien et en anglais et qui, bien que difficiles à lire à certains égards, nous fournissent, malgré tout, des données certaines. L'outil indispensable pour une véritable innovation n'est que le caractère obligatoire de la tentative de médiation (un chiffre qui a augmenté au fil des ans jusqu'à atteindre 51,8 % de participation en 2022).

Cependant, la médiation demandée par le juge lui-même, en effet, n'a pas vraiment été en mesure de garantir des résultats convaincants. Certains juges, en particulier dans les tribunaux où des collaborations intéressantes avec les universités ont commencé et se poursuivent, ont fait un usage adéquat de l'instrument, mais les statistiques des médias certifient que seulement 1,2 % des demandes de médiation découlent de la médiation ordonnée par le juge. À cela s'ajoute le fait que, dans tous les cas, la médiation judiciaire a lieu après le début du jugement et n'affecte donc pas la réduction de la charge judiciaire, qui reste de toute façon un objectif très important.

Des données très intéressantes proviennent également d'un rapport à paraître sur les statistiques d'un organisme privé de médiation accrédité par l'État italien, cofondé et dirigé par un médiateur présent sur le terrain depuis toujours et ancien expert scientifique du groupe de travail de la CEPEJ sur la médiation. Ces données basées sur environ 32 000 demandes de médiation montrent que si l'on parvient à amener les parties à la table des médiations devant de bons médiateurs, de préférence accompagnés d'avocats formés, le pourcentage d'obtention d'un accord (toujours dans le cadre des matières où la tentative est obligatoire) est proche de 60 pour cent auquel on peut ajouter environ 10/15 pour cent d'accords conclus en dehors de la procédure de médiation. À cela s'ajoute, comme autre point fort, une réduction des affaires, car les parties se rendent compte à l'issue de la médiation que le succès de leur prétention est faible et renoncent alors à leur action devant le juge étatique.

Il est aujourd'hui nécessaire d'évaluer quel modèle de médiation obligatoire est le plus efficace (car il en existe plusieurs) pour garantir la réalisation d'une relation équilibrée entre médiation et procès tout en préservant le droit d'accès à la justice.

Pour conclure, comme je l'ai rappelé, la commission instituée à l'époque par le ministre Cartabia a créé, avec la nouvelle loi, un nouveau modèle de procédure de médiation qui s'inspire des principaux préceptes déjà existants, mais qui renforce et modifie les valeurs qui étaient restées quelque peu dans l'ombre, précisément parce que le point de vue initial a toujours été celui d'utiliser la médiation avant tout dans le but de diminuer le contentieux.

Je ne peux donc que conclure en me disant qu'une fois la réforme en cours du décret ministériel 180 achevée, le nouveau modèle de médiation pourra porter pleinement ses fruits grâce, d'une part, à l'augmentation des sanctions en cas de non-participation des parties et, d'autre part, aux interventions relatives aux aides fiscales qui sont enfin concrètes, comme ne manquera pas de nous le rappeler Emanuela Pucci.

Il y aurait évidemment encore tant à dire, mais j'ai trop abusé de votre temps, je me prépare donc à écouter avec plaisir et intérêt les actes de cette conférence, et je vous remercie encore pour votre patience et votre temps.

II. Par Emanuela PUCCI, juriste à Milan et Lyon, médiatrice civile, commerciale à Lyon et Milan, médiatrice internationale certifiée, ancienne avocate au Barreau de Milan

Résumé

Vue d'ensemble de la médiation en Italie suite à la réforme Cartabia (D. lgs n. 149/22)

Les données statistiques présentées ici ont été collectées et fournies par le ministère de la Justice. En 2023, la récente réforme, nommée Loi « Cartabia », (du nom de la ministre Marta Cartabia), a été mise en œuvre en deux phases distinctes. Elle est opérationnelle depuis le 30 juin. Cependant, nous attendons toujours la réforme du DM 180/2010 concernant le statut administratif du médiateur et des organismes de médiation.

Tout d'abord, je tiens à exprimer ma profonde gratitude au GEMME et au CIM pour m'avoir donné l'opportunité de participer au panel sur les avancées européennes en médiation lors des IXes Assises de GEMME-France de 2 023. Ces moments ne se sont pas limités à une simple participation ; chaque rencontre et chaque échange ont élargi ma vision et stimulé ma réflexion. Mes sincères remerciements s'adressent aussi à Béatrice Brenneur et François Staechelé, tant pour leur chaleur humaine que pour l'excellence de leur organisation.

Introduction et histoire de la médiation en Italie

Depuis 2010, le paysage de la médiation en Italie a subi plusieurs changements :

- 2010 : L'instauration de la loi n. 28 fait de la médiation une condition sine qua non pour que l'affaire soit recevable devant les tribunaux, comme stipulé à l'article 5 de la loi Cartabia.
- 2012 : Cette année-là, le nombre des médiations a atteint 154 879. Cependant, face aux oppositions, en particulier des avocats, la Cour constitutionnelle saisie a annulé

l'article 5 de la loi, estimant qu'il y avait un excès de pouvoir.

- 2013 : Avec la suppression de cette condition préalable, le nombre de médiations a drastiquement chuté, n'enregistrant que 41 604 cas.

Face à cette situation, des mesures sont prises :

- Réforme après 2013 : Le gouvernement rétablit la médiation obligatoire. Mais cette fois-ci, il est mis en place une « première séance de médiation » basée sur le principe opt-in/opt-out, concept élaboré par des experts et théoriciens. Lors de cette séance, les parties sont tenues d'assister en personne et de s'entretenir avec le médiateur. Celui-ci les informe sur les avantages et les spécificités de la procédure. Suite à cela, les parties ont le choix : continuer la procédure (opt-in) ou s'en retirer (opt-out). Ce choix est consigné dans le procès-verbal de la session, dont le juge est informé.
- 2014 : Grâce à ces mesures, le nombre de médiations reprend de la vigueur et monte à 179 587.

1. Vue sur la Réforme Cartabia

A. Introduction à la Réforme

La loi n. 149/2022, communément appelée Loi Cartabia en honneur de la ministre de la Justice Marta Cartabia du gouvernement Draghi, a été promulguée le 17 octobre 2022. Elle est entrée en vigueur en deux temps, le 28 février 2023 puis le 30 juin 2023.

Fruit d'un examen approfondi mené par le législateur, cette loi témoigne d'une volonté de réviser et d'optimiser la médiation. Une attention particulière a été portée à la transformation de la première séance de médiation en une session à part entière, rendant le processus plus transparent et structuré.

Le législateur vise ainsi à favoriser une meilleure réception et une meilleure utilisation de la médiation par ses destinataires.

La réforme de 2 022/2 023 redéfinit le rôle des parties dans la médiation. Auparavant, elles étaient tenues d'engager une médiation et de dialoguer activement avec le médiateur. Après quoi, elles pouvaient décider de poursuivre la médiation ou d'opter pour une procédure judiciaire (opt-out). Avant cette réforme, la jurisprudence a souligné l'importance d'une participation active des parties, en particulier lors de cette première séance. Les tribunaux du Latium, de Lombardie et d'Émilie-Romagne ont été pionniers dans cette interprétation juridique. Reconnaissant l'importance de cette participation, la réforme Cartabia impose désormais une présence physique des parties. Seules des exceptions justifiées permettent une représentation par un tiers connaissant les faits et disposant des pouvoirs de règlement. Si les avocats représentent les parties, un mandat spécifique est requis pour la résolution du conflit, distinct de la représentation judiciaire classique.

B. Observations sur la médiation en Italie, suite à la Réforme Cartabia

Les chiffres parlent d'eux-mêmes. En 2022, lors de la première réunion de médiation, un accord a été trouvé dans 28,9 % des cas. Ce taux grimpe à 47,4 % lorsque la médiation se poursuit avec une véritable discussion entre les parties. Suite à la mise en œuvre de la réforme Cartabia, le premier semestre 2023 enregistre une augmentation d'environ 3 % d'accords réussis, comme le rapporte le Ministère de la Justice. [1].

Le dessein principal de la réforme Cartabia est double, optimiser l'efficacité des procédures civiles et revisiter les outils alternatifs de règlement des conflits. Elle vise également à rationaliser les procédures relatives aux droits des individus, des familles, et aux exécutions forcées.

L'ère numérique n'est pas en reste, la médiation en ligne, qui a pris son essor durant la crise sanitaire liée à la COVID, démontre son potentiel pour réussir la médiation à distance. La loi Cartabia l'adopte définitivement et manifeste une préférence

---

[1] Source: https://webstat. giustizia. it/SitePages/Home. aspx

marquée pour la médiation comme alternative à la résolution des litiges.

Pour mettre ces avancées en perspective, en 2022, 155 122 cas de médiations ont été enregistrés. Le premier trimestre de 2 023, toujours sous le régime de l'ancienne loi, comptabilise 44 556 cas. Un total de 177 521 médiations a été observé au premier semestre 2023, dont 92 212 nouvelles inscriptions et 75 000 affaires résolues. Les années à venir seront cruciales pour mesurer l'efficacité réelle de la réforme Cartabia.

Il convient de souligner une spécificité : l'Italie est actuellement le seul pays européen à imposer la médiation par la loi. Une révision de cette réforme est d'ailleurs prévue dans cinq ans.

2. Les spécificités de la Réforme Cartabia

A. Définitions des termes (art. 1 Dlgs n. 149/2023)

Aux termes de ce décret, les mots suivants sont ainsi définis :

- Médiation : Activité menée par un tiers impartial visant à assister deux parties ou plus dans la recherche d'un accord amiable pour résoudre un différend. Cette assistance peut inclure la formulation d'une proposition de résolution.
- Médiateur : Personne (s) physique (s) qui, individuellement ou en groupe, conduit une médiation. Le médiateur n'a pas le pouvoir de rendre des jugements ou décisions contraignantes pour les parties. Selon l'article 3, l'organisme dont il est membre doit garantir qu'il exerce sa profession avec impartialité et indépendance. À noter que l'indépendance est une nouveauté introduite par ce décret, car elle n'était pas mentionnée dans le texte précédent.
- Conciliation : Résolution d'un litige obtenue par le biais de la médiation.
- Organisme : Entité publique ou privée où peut se dérouler une procédure de médiation conformément à ce décret.

- Registre : Registre des organismes mis en place par arrêté du ministre de la Justice, comme stipulé à l'article 16 du présent décret.

La confidentialité du processus est traitée aux articles 9 et 10.

B. Condition de recevabilité et relation avec le procès (Art. 5 — Élargissement des matières, Art. 5 bis, 5 ter, 5 quater, 5 quinquies).

Toute personne envisageant d'introduire une action en justice concernant des litiges relatifs à la copropriété, droits réels, partage, héritage, accords familiaux, baux, prêts, location d'entreprises, indemnisations pour responsabilité médicale, diffamation via la presse ou d'autres médias, assurances, contrats bancaires, et autres types de litiges énumérés, se doit d'abord d'entamer une procédure de médiation. Cette démarche est une condition sine qua non pour que la demande soit jugée recevable.

L'irrecevabilité doit être soulevée par le défendeur ou d'office par le juge, au plus tard lors de la première audience. Si le tribunal constate l'omission de la médiation ou son commencement sans aboutissement, il ajourne l'affaire à l'audience ultérieure, dans l'attente de la conclusion de la médiation. Lors de cette seconde audience, le tribunal s'assure que la médiation a bien eu lieu. Si cette condition n'est pas satisfaite, la demande est déclarée irrecevable. Cependant, si la première séance de médiation se termine sans accord, il est tout de même considéré que la condition est remplie.

- Selon l'article. 5 ter : Le syndic de copropriété est autorisé à initier et à prendre part à une médiation sans requérir l'approbation préalable de l'assemblée générale. Cela empêche les syndics réticents de retarder indéfiniment le processus de médiation en se cachant derrière l'excuse de l'absence d'approbation de l'assemblée.
- L'article. 5 quater édicte : Le tribunal peut prescrire la médiation, y compris en appel, jusqu'à la précision des

conclusions. Cette injonction est motivée en fonction de la nature du conflit, de l'état de la procédure, de la conduite des parties, ou de toute autre circonstance pertinente. La médiation ordonnée est une étape préalable à la recevabilité de la demande et à la poursuite du procès.

Il convient d'ajouter qu'avec la révision du Code de procédure civile, dirigée aussi par la ministre Cartabia, le juge peut suggérer une conciliation entre les parties. Certains magistrats italiens ont manifesté une préférence pour cette approche, redoutant que la médiation et ses accords puissent s'éloigner du cadre judiciaire traditionnel.

C. Valorisation de l'expertise en médiation (Art., al. 7)

Le médiateur possède la latitude d'appeler à des experts judiciaires, à condition d'obtenir l'accord des parties concernées sur le choix de l'expert en question. Les résultats de cette expertise peuvent être pris en compte par le juge comme élément de preuve durant le procès. Cette approche permet d'établir un lien entre les procédures alternatives et le procès judiciaire, tout en préservant leur complémentarité. En Italie, ce mouvement est parfois désigné par le terme « processualizzazione della mediazione », ce qui se traduit par « la judiciarisation de la médiation », une terminologie utilisée par les puristes de la médiation pour décrire cette évolution.

D. Rôle des avocats en médiation

Pour les affaires relevant de l'art. 5, la présence d'un avocat pour représenter les parties est une nécessité. En imposant cette obligation, le législateur transmet des directives déontologiques claires aux avocats. Ils sont censés participer au processus de médiation en adoptant une attitude de « collaboration, loyauté et bonne foi », pour mettre fin aux comportements antérieurs où la médiation était parfois découragée par certains avocats. Tout obstacle qu'ils pourraient ériger durant la médiation pourrait leur être reproché ultérieurement. En outre, ils ont la responsabilité d'éclairer leurs clients sur la médiation, en leur présentant ses avantages et ses modalités par écrit.

E. Conditions pour exercer en tant que médiateur en Italie

- Formation : Une formation initiale de 50 heures, sanctionnée par un examen final, est indispensable pour obtenir le titre de médiateur.
- Qualifications académiques : Les candidats doivent détenir un diplôme universitaire d'une durée minimale de trois ans.
- Formation continue : Une fois qualifiés, les médiateurs doivent suivre une formation continue de 18 heures tous les deux ans.
- Expérience pratique : Il est requis de participer à des médiations en tant que stagiaire.
- Inscription : Les médiateurs doivent être inscrits auprès d'un organisme de médiation reconnu par le ministère de la Justice. De plus, une inscription dans le registre spécial des médiateurs civils est nécessaire. Ce registre comporte des sections spécifiques pour les experts en médiation internationale et en médiation de consommation.
- Réglementation : Le statut des médiateurs est défini par le D. M. 180/2010. Ce décret est en cours de révision pour s'aligner avec la Loi Cartabia. Il énonce, entre autres, les frais liés à la médiation et les modalités de paiement. La mise à jour devrait offrir des conditions financières plus avantageuses pour les médiateurs.

F. Formation et évaluation des magistrats en Italie

Formation continue : Les magistrats bénéficient d'une formation continue en médiation. Ils assistent à des séminaires et des cours organisés principalement par l'École supérieure de la magistrature, mais aussi par d'autres organismes de formation, y compris des entités privées. Évaluation :

- Participation à la formation : La participation des magistrats à des formations en médiation est prise en compte lors de leur évaluation.
- Activité de médiation : L'évaluation tient également compte du nombre d'affaires qu'un magistrat a orientées vers la médiation ou qui ont été résolues par conciliation.
- Qualité de la médiation : La qualité des affaires renvoyées en médiation et des litiges résolus est aussi un indicateur crucial pour évaluer l'engagement et la compétence du magistrat.
- Analyse des données : Toutes les ordonnances de renvoi à la médiation et les résultats des litiges y associés sont recueillis pour une analyse statistique et qualitative.
- Motivation des décisions : Le ministère de la Justice considère que la qualité des motivations derrière les renvois à la médiation est essentielle. Une motivation bien argumentée peut avoir un effet pédagogique, aidant les parties à comprendre l'avis du juge sur l'opportunité de la médiation comme alternative au procès.

3. La procédure de médiation en Italie

A. Procédure de Médiation (Art. 8)

À la suite de la réception de la demande de médiation, un médiateur est nommé par le responsable de l'organisation. La première séance est programmée entre le 20e et le 40e jour suivant la soumission de la demande, sauf si les parties en décident autrement. Il est impératif que les parties soient présentes en personne lors de la session. Toutefois, en présence de motifs justifiés, une représentation par un délégué ayant connaissance du dossier et disposant de l'autorité pour résoudre le conflit est acceptée. Les entités, autres que les individus, doivent être représentées par des délégués ou des représentants bien informés du contexte et habilités à trouver une solution au litige. Le cas échéant, le médiateur peut demander une preuve des pouvoirs de représentation, qui sera consignée dans le procès-verbal.

Lorsque la médiation est une exigence ou est sollicitée par la cour, les parties doivent être épaulées par leurs avocats. Lors de cette première séance, le médiateur explique la démarche et facilite la recherche d'un terrain d'entente entre les parties. Tout le monde, y compris les avocats présents, doit collaborer en toute sincérité et intégrité pour permettre un dialogue constructif autour des points de discorde. Un compte-rendu de cette séance est rédigé et doit être signé par toutes les parties concernées, poursuivant ainsi le processus.

B. Frais de médiation

Lorsqu'une médiation est imposée par la loi comme étape préliminaire avant de porter l'affaire devant un juge[2], la partie bénéficiant de l'aide judiciaire n'est pas tenue de verser d'indemnité à l'entité de médiation. Chaque partie est cependant tenue de régler à l'entité de médiation (au sein de laquelle le médiateur est impérativement inscrit) un montant destiné à couvrir les coûts de mise en place et la première session. Si cette première session se termine sans aboutir à un accord, aucun frais supplémentaire n'est exigé. Les coûts associés aux sessions suivantes et à la finalisation de l'accord sont détaillés dans le DM 180/2010, ainsi que dans les statuts de l'entité de médiation.

C. Médiation en mode télématique (Art. bis)

Pour les besoins de la médiation électronique, les documents sont élaborés et paraphés conformément au Code de l'administration digitale[3] et doivent être envoyés par le biais d'un courriel accrédité ou via des services de nature semblable.

Séances virtuelles : Elles ont lieu grâce à une liaison audiovisuelle assurant une clarté sonore et visuelle idéale. Les intéressés peuvent opter pour une participation à distance ou physique auprès de l'Entité de médiation, toutefois, le déroulement restera essentiellement numérique.

---

[2] Comme stipulé par l'article 5, paragraphe 1, ou l'article 5 quater, paragraphe 2, lorsque la médiation est sollicitée

[3] Décret législatif n° 82 du 7 mars 2005

Le médiateur conçoit un document électronique final comprenant le procès-verbal et l'accord. Celui-ci est authentifié par une signature électronique avancée des parties et si requis, par leurs avocats s'ils sont présents.

Après signature, le document est transmis au médiateur pour être signé, puis il est remis aux parties, à leurs avocats, et au secrétaire de l'entité de médiation.

L'entité de médiation veille à la sauvegarde des documents digitaux, en accord avec le décret législatif n° 82 de 2 005.

Point de vue : En matière de médiation digitale, l'Italie se positionne comme pionnière en Europe, privilégiant uniquement les signatures électroniques avancées. À souligner que les médiateurs italiens, après s'être familiarisés avec les outils numériques, sont déjà opérationnels pour la médiation commerciale en ligne à l'international, essentielle dans le contexte économique actuel.

4. Conclusion de la procédure en médiation

A. Conclusion de la procédure de médiation et proposition du médiateur (Art. 11)

Accord de conciliation : si un accord est conclu, un procès-verbal est rédigé, y annexant l'accord. En absence d'accord, si les parties le lui demandent, le médiateur propose toujours une conciliation, après les avoir informées des conséquences d'un refus éventuel.

La proposition de conciliation requise par les parties est formulée par écrit. Les parties ont sept jours pour accepter ou refuser la proposition. Sans réponse, elle est considérée comme rejetée. À moins d'un accord différent, la proposition ne cite pas les déclarations faites en médiation.

Note : La plupart des médiateurs italiens évitent de faire des propositions à moins qu'elles ne soient explicitement demandées.

B. Accord de conciliation et administrations publiques (Art. 11 bis)

Historiquement, les fonctionnaires hésitaient à s'engager dans le processus de médiation, craignant d'endosser des responsabilités comptables. Toutefois, avec les récentes réformes, cette responsabilité a été limitée dans le cas où un accord de conciliation est trouvé. Paradoxalement, un fonctionnaire peut désormais être tenu responsable s'il est absent lors d'une médiation ou s'il refuse une proposition qui s'avère bénéfique. Lors de l'évaluation de cette responsabilité, l'accent est mis sur les bénéfices que l'administration ou la communauté retire de la médiation, soulignant ainsi son importance sociétale.

C. Force exécutoire de l'accord de médiation (Art. 12)

- Avec la présence d'avocats : lorsque l'accord est signé par toutes les parties concernées et leurs avocats respectifs, il est automatiquement doté de force exécutoire. Il revient alors aux avocats de garantir que cet accord respecte les normes en vigueur et l'ordre public.
- Sans la présence d'avocats : pour que l'accord soit validé, une homologation doit être obtenue auprès du président de la juridiction concernée.
- Dans le cas de litiges transfrontaliers : pour les situations relevant de la Directive 2008/52/CE, le procès-verbal de l'accord doit obtenir l'approbation du président du tribunal compétent où l'accord sera ensuite mis en application.

5. Cadre juridique et fiscal de la médiation en Italie : de la sanction à l'encouragement

A. Sanctions en cas de non-comparution à la médiation (Art. 12 bis)

- Absence lors de la première réunion : si une partie ne se présente pas sans motif valable à la première réunion de médiation, le juge est habilité à en tirer des implications juridiques. Cette non-comparution peut être perçue comme un manquement à la coopération envers le système judiciaire.

- Sanctions financières :
  - Cas où la médiation est une condition préalable à l'action judiciaire : si une partie est absente à la médiation, mais se présente devant le tribunal, elle sera tenue de payer à l'État une somme équivalente au double de la contribution standard relative à l'introduction de l'instance. De plus, si elle perd devant le tribunal, elle pourrait être tenue de couvrir les frais judiciaires engagés par la partie gagnante post-médiation.
  - Pour les entités publiques : si une sanction est prononcée contre une administration publique, une copie de cette décision est envoyée au procureur de la République siégeant auprès de la section judiciaire de la Cour des comptes.

B. Sanctions financières du rejet de la proposition de conciliation (Art. 13)

- Conformité du jugement avec la proposition refusée : si le verdict est en accord avec la proposition de conciliation précédemment refusée par la partie gagnante, celle-ci ne pourra pas prétendre au remboursement des frais engagés après cette proposition. De plus, elle devra rembourser les frais que la partie perdante a encourus pendant cette même période. Elle sera également tenue de verser au Trésor public une somme équivalente à la contribution unifiée (taxe due lors de l'introduction d'une action en justice). Ces règles s'appliquent aussi bien aux frais de médiation qu'à la rémunération de tout expert impliqué.
- Jugement partiellement conforme à la proposition : Si le jugement diffère de la proposition de conciliation, mais qu'il existe des circonstances particulières justifiant une telle décision, le juge peut décider de ne pas permettre à la partie gagnante de récupérer les frais liés à la

médiation ou à la rémunération de l'expert, comme mentionné à l'article 8.

C. Aides judiciaires, fiscales et crédit d'Impôt pour la médiation (Réf. Art. 17 et décrets d'application du 1/08/2023)

- Aide judiciaire : l'aide judiciaire est encadrée par les articles 15 bis à 15 undecies.
- Aides fiscales : un fonds de 6,08 millions d'euros a été décidé pour 2023 en faveur des aides fiscales, montrant une augmentation par rapport aux dispositions antérieures.
- Exonérations fiscales : les accords de médiation sont libres de toute taxe ou frais jusqu'à un montant de 100 000,00 €.
- Crédits d'impôt pour les parties : en concluant un accord, les parties peuvent bénéficier d'un crédit d'impôt dérivant de l'indemnité mentionnée à l'art. 17, pouvant aller jusqu'à 600 €. En cas d'intervention d'un avocat ou lorsque la médiation est ordonnée par un juge, un crédit d'impôt supplémentaire couvrant les honoraires d'avocat est accordé, jusqu'à 600 €. La limite est de 600 € par procédure, 2 400 € annuellement pour une personne physique et 24 000 € pour les entités juridiques. Si la médiation ne réussit pas, ces crédits sont diminués de moitié. Un crédit d'impôt additionnel est également prévu en fonction de la contribution unifiée, jusqu'à 518 €.
- Crédits pour les organismes de médiation : ces organismes bénéficient d'un crédit d'impôt correspondant à l'indemnité non réglée par ceux qui profitent de l'aide judiciaire, plafonnée à 24 000 € annuellement. L'intention du législateur est de rendre la première séance de médiation presque gratuite et de réduire les coûts des séances ultérieures grâce aux aides fiscales.

6. Perspectives de la médiation en Italie

L'Italie, en dépit de ses avancées notables dans le domaine de la médiation, ne s'arrête pas là. Elle nourrit des ambitions plus vastes pour les années à venir, s'articulant autour des axes suivants :

- Professionnalisation des médiateurs : accentuer la formation pour établir les médiateurs comme de véritables professionnels proposant des tarifs compétitifs. Il est également essentiel d'assurer leur indépendance vis-à-vis des organismes de médiation et des ordres professionnels.
- Engagement du secteur judiciaire : il est crucial de sensibiliser davantage les avocats et les magistrats, prescripteurs de médiations judiciaires, à la médiation. Parallèlement, l'information du public et l'aide juridictionnelle doivent être améliorées.
- Contrôle renforcé des organismes de médiation : veiller à leur indépendance et à leur intégrité scientifique pour solidifier la confiance du public envers le processus de médiation.
- Évaluations périodiques : fondées sur les statistiques du ministère de la Justice, ces évaluations permettront d'ajuster la position et le rôle de la médiation.
- Évolutions législatives continues : adapter la législation en fonction des besoins changeants, tout en collaborant étroitement avec les différents acteurs de la justice consensuelle.

Conclusion : avec la Réforme Cartabia, l'Italie s'oriente vers une médiation plus organisée, plus compétente et constamment évaluée, s'alignant davantage sur les directives européennes et les impératifs du PNRR.

CHAPITRE V

LA BELGIQUE

Par **Éric BATTISTONI,**
ancien juge du Tribunal du travail de Liège (Belgique),
cofondateur et ancien vice-président de GEMME,
membre d'honneur de GEMME-France.

« La loi de 2018 en Belgique » Les lois belges de 2005 et de 2018 ont favorisé le développement des pratiques amiables comme la conciliation et la médiation.

En premier lieu, le juge belge est tenu de favoriser en tout état de la procédure un mode de résolution amiable des litiges. La mission du juge belge lui désigne comme première tâche, de concilier les parties.

Sauf en référé, le juge belge peut, à l'audience d'introduction ou lors d'une audience fi xée à date rapprochée, interroger les parties sur la manière dont elles ont tenté de résoudre le litige à l'amiable avant l'introduction de la cause et les informer des possibilités d'encore résoudre le litige à l'amiable. À cette fi n, le juge belge peut notamment ordonner la comparution personnelle des parties.

En deuxième lieu, la médiation judiciaire est facultative, mais le juge belge peut cependant la prescrire, sauf véto d'une partie.

S'il estime qu'un rapprochement possible, d'initiative, le juge peut alors imposer la médiation à moins que toutes les parties ne s'y opposent !

En dernier lieu, la loi belge impose aux avocats d'informer le justiciable sur la possibilité de médiation, de conciliation et de tout autre mode de résolution amiable des litiges. De plus, s'ils estiment qu'une résolution amiable du litige est envisageable, les avocats sont tenus, dans la mesure du possible, de la favoriser.

1. Médiation : que dit la procédure civile belge ?

En Belgique, la médiation de procédure civile procède de deux lois :

- La loi du 21 février 2005 (Moniteur Belge, 22. 03. 2005)
- La loi du 18 juin 2018 (Moniteur Belge, 02. 07. 2018). Cette dernière rend possibles de réelles avancées pour les MARL en Belgique.

A. Comment la loi belge circonscrit-elle la médiation ?

« La médiation est un processus confidentiel et structuré de concertation volontaire entre parties en conflit, qui se déroule avec le concours d'un tiers indépendant, neutre et impartial qui facilite la communication et tente de conduire les parties à élaborer elles-mêmes une solution » (1723/1 CJ – Code judiciaire belge). Tout contrat peut contenir une clause de médiation, par laquelle les parties s'engagent à recourir à la médiation préalablement à tout autre mode de résolution des éventuels différends que la validité, la formation, l'interprétation, l'exécution ou la rupture du contrat pourrait susciter. (1 725 § 1er CJ)

B. La médiation est-elle obligatoire ou facultative ?

Généralités :

« Le juge favorise en tout état de la procédure un mode de résolution amiable des litiges. » (Code judiciaire – Partie VI – Livre II – titre II – Instruction et jugement de la demande – Chapitre Ier — Les modes amiables de résolution des litiges — [art. 730 § 1er CJ]).

Sauf en référé, le juge peut, à l'audience d'introduction ou lors d'une audience fixée à date rapprochée, interroger les parties sur la manière dont elles ont tenté de résoudre le litige à l'amiable avant l'introduction de la cause et les informer des possibilités d'encore résoudre le litige à l'amiable.

À cette fin, le juge peut ordonner la comparution personnelle des parties.

À la demande de l'une des parties ou s'il l'estime utile, le juge, s'il constate qu'un rapprochement est possible, peut, à cette même audience d'introduction ou à une audience fixée à date rapprochée, remettre la cause à une date X, qui ne peut excéder un mois sauf accord des parties, pour leur permettre de vérifier si leur litige peut être totalement ou partiellement résolu à l'amiable et de recueillir toutes les informations utiles en la matière.

La mesure visée à l'alinéa 2 ne peut être ordonnée si elle l'a déjà été dans le cadre du même litige. (Art. 730 § 2 CJ)

« Il entre dans la mission du juge de concilier les parties. » (Art. 731 CJ)

La médiation judiciaire est facultative, mais peut cependant être imposée par le juge, sauf veto d'une partie :

[…] Le juge saisi d'un litige peut, à la demande conjointe des parties ou de sa propre initiative, mais avec l'accord de celles-ci, ordonner une médiation, tant que la cause n'a pas été mise en délibéré. [Art. 1734 al 1 CJ]

… Lorsqu'il estime qu'un rapprochement entre les parties est possible le juge, peut, d'office ou à la demande de l'une des parties, ordonner une médiation, après avoir entendu les parties, à l'audience d'introduction, à une audience de renvoi à une date rapprochée ou à une audience fixée au plus tard le dernier jour du mois qui suit celui du dépôt des premières conclusions du défendeur.

Si toutes les parties s'y opposent, le juge ne peut ordonner une médiation. [Art. 1734 al 2 CJ]

Les parties ou, en l'absence des parties, leur avocat, peuvent demander conjointement au juge de désigner le médiateur ou les médiateurs qu'elles présentent. Le juge accède à cette demande, sauf si le médiateur ou les médiateurs proposés par les parties ne satisfont pas aux conditions visées à l'article 1726. [Art. 1734/2 § 1er/1 CJ].

C. Quels litiges et quelles juridictions ?

Tout différend de nature patrimoniale, transfrontalier ou non, y compris les différends impliquant une personne morale de droit public, peut faire l'objet d'une médiation. Les différends de nature non patrimoniale susceptibles d'être réglés par transaction ainsi que les différends relevant du tribunal de la famille visés à l'article 572 bis, 3°, 4°, 6° à 10° et 12 à 15°) et les différends découlant de la cohabitation de fait peuvent aussi faire l'objet d'une médiation. (Art. 1724 CJ)

Sauf devant la Cour de cassation et le tribunal d'arrondissement, en tout état de la procédure et ainsi qu'en référé, le juge saisi d'un litige peut, à la demande conjointe des parties ou de sa propre initiative, mais avec l'accord de celles-ci, ordonner une médiation, tant que la cause n'a pas été mise en délibéré. (Art. 1734 § 1er al 1. CJ)

Sauf en référé, le juge peut, à l'audience d'introduction ou lors d'une audience fixée à date rapprochée, interroger les parties sur la manière dont elles ont tenté de résoudre le litige à l'amiable avant l'introduction de la cause et les informer des possibilités d'encore résoudre le litige à l'amiable. (Art. 730 § 2 CJ)

D. Quand : Avant le procès ? Pendant le procès ? Après le procès ?

Toute partie peut proposer aux autres parties, indépendamment de toute procédure judiciaire ou arbitrale, avant, pendant ou après le déroulement d'une procédure judiciaire, de recourir au processus de médiation. Les parties désignent le médiateur de commun accord ou chargent un tiers de cette désignation. (Art. 1730 § 1 CJ)

Si la proposition est adressée par envoi recommandé et qu'elle contient la réclamation d'un droit, elle est assimilée à la mise en demeure visée à l'article 1153 du Code civil. (Art. 1730 § 2 CJ)

Dans les mêmes conditions, la proposition suspend le cours de la prescription de l'action attachée à ce droit pendant un mois. (Art. 1730 § 3 CJ)

E. Quel office du juge : Promouvoir ? Prescrire ? Homologuer ?

- Essentiellement promouvoir la médiation (Art. 730 § 1 CJ)
- Mais parfois, prescrire la médiation, en l'imposant s'il n'y a pas véto d'une ou des deux parties (Art. 1734 CJ)
- En toute hypothèse, le juge veille à l'application des clauses de médiation :

Le juge ou l'arbitre saisi d'un différend faisant l'objet d'une clause de médiation suspend l'examen de la cause à la demande d'une partie, à moins qu'en ce qui concerne ce différend, la clause ne soit pas valable ou ait pris fin. L'exception doit être proposée avant tout autre moyen de défense et exception. L'examen de la cause est poursuivi dès que les parties ou l'une d'elles, ont notifié au greffe et aux autres parties que la médiation a pris fin. (Art. 1725 § 2 CJ).

La clause de médiation ne fait pas obstacle aux demandes de mesures provisoires et conservatoires. L'introduction de telles demandes n'entraîne pas renonciation à la médiation. (Art. 1725 § 3 CJ).

Le juge homologue les accords conclus en médiation extrajudiciaire :

En cas d'accord, et si le médiateur qui a mené la médiation est agréé par la commission visée à l'article 1727, les parties ou l'une d'elles peuvent soumettre l'accord de médiation obtenu conformément aux articles 1731 et 1732 CJ pour homologation au juge compétent. Il est procédé conformément aux articles 1025 à 1034.

La requête peut cependant être signée par les parties elles-mêmes si celle-ci émane de toutes les parties à la médiation. Le protocole de médiation est joint à la requête (Art. 1733 CJ). Le juge ne peut refuser l'homologation de l'accord que si celui-ci est contraire à l'ordre public ou si l'accord obtenu à l'issue d'une médiation familiale est contraire à l'intérêt des enfants mineurs.

L'ordonnance d'homologation a les effets d'un jugement au sens de l'article 1043.

Le juge homologue les accords conclus en médiation judiciaire :

À l'expiration de sa mission, le médiateur informe par écrit le juge de ce que les parties sont ou non parvenues à trouver un accord. Si la médiation a donné lieu à la conclusion d'un accord de médiation, fût-il partiel, les parties ou l'une d'elles peuvent, conformément à l'article 1043, demander au juge de l'homologuer.

Le juge ne peut refuser l'homologation de l'accord que si celui-ci est contraire à l'ordre public ou si l'accord obtenu à l'issue d'une médiation familiale est contraire à l'intérêt des enfants mineurs.

Si la médiation n'a pas donné lieu à la conclusion d'un accord de médiation complet, la procédure est poursuivie au jour fixé, sans préjudice de la faculté pour le juge, s'il l'estime opportun et moyennant l'accord de toutes les parties, de prolonger la mission du médiateur pour un délai qu'il détermine. (Art. 1736 CJ).

F. Quelles sont les sanctions en cas de refus ou d'entrave à une tentative de médiation ?

Il n'y a pas de sanction légale effective, mais seulement des atténuateurs légaux : le juge belge peut ordonner la comparution personnelle des parties ; le juge belge peut remettre la cause à une date fixe sans excéder un mois… afin de permettre aux parties de vérifier si leur litige peut être totalement ou partiellement résolu à l'amiable et afin de leur permettre de recueillir toutes les informations utiles en la matière. (731 CJ)

Il me semble bien qu'en Belgique, n'ait été prononcée aucune réparation judiciaire qui aurait compensé un dommage matériel ou moral résultant de la mauvaise foi dans la négociation ou dans l'exécution d'un « contrat judiciaire » de médiation/conciliation.

Or il serait judicieux de sanctionner deux types distincts de comportements fautifs : d'une part, un manquement à la bonne foi dans les pourparlers contractuels (processus visant l'accord de médiation), et d'autre part, un manquement à la bonne foi dans l'exécution d'un contrat (le protocole d'entrée en médiation/conciliation). Ces deux manquements empêchent le contrat judiciaire de produire l'ensemble de ses effets processuels.

Ce comportement a pour résultat de vider le contrat judiciaire de médiation/conciliation. Si ce comportement apparaît délibéré, il doit s'interpréter à tout le moins comme une « culpa in contrahendo » à l'instar des manquements fautifs dans les pourparlers de négociation commerciale, et pour les mêmes raisons.

Si l'on admet que le contrat judiciaire de médiation/conciliation est soumis simultanément au droit commun des contrats et au droit judiciaire privé, deux régimes de responsabilité coexistent, et alors, ils se cumuleront.

G. Quel est le rôle des avocats et des parties en médiation ?

« Les avocats doivent informer le justiciable de la possibilité de médiation, de conciliation et de tout autre mode de résolution amiable des litiges. S'ils estiment qu'une résolution amiable du litige est envisageable, ils tentent dans la mesure du possible de la favoriser. » (Partie II – Livre III : Du barreau – titre I – Chapitre II — Prérogatives et devoirs des avocats – CJ Art. 444).

<u>En médiation extrajudiciaire :</u> Toute partie peut proposer aux autres parties, indépendamment de toute procédure judiciaire ou arbitrale, avant, pendant ou après le déroulement d'une procédure judiciaire, de recourir au processus de médiation.

Les parties désignent le médiateur de commun accord ou chargent un tiers de cette désignation.

Si la proposition est adressée par envoi recommandé et qu'elle contient la réclamation d'un droit, elle est assimilée à la mise en demeure visée à l'article 1153 du Code civil.

Dans les mêmes conditions, la proposition suspend le cours de la prescription de l'action attachée à ce droit pendant un mois. (Art. 1730 CJ).

Les parties définissent entre elles, avec l'aide du médiateur, les modalités d'organisation de la médiation et la durée du processus. Cette convention est consignée par écrit dans un protocole de médiation signé par les parties et par le médiateur. Les frais et honoraires de la médiation sont à charge des parties par parts égales, sauf si elles en décident autrement.

Le protocole de médiation contient :

- Le nom et le domicile des parties et de leurs conseils ;
- Le nom, la qualité et l'adresse du médiateur, et le cas échéant, la mention que le médiateur est agréé par la commission visée à l'article 1727 ;
- Le rappel du principe volontaire de la médiation ;
- Un exposé succinct du différend ;
- La confidentialité qui s'attache aux documents et aux communications dans le cadre de la médiation ;
- Le mode de fixation et le taux des honoraires du médiateur, ainsi que les modalités de leur paiement ;
- La date ;
- La signature des parties et du médiateur.

En médiation judiciaire : Les parties, ou en l'absence des parties, leur avocat, peuvent demander conjointement au juge de désigner le médiateur ou les médiateurs qu'elles présentent. Le juge accède à cette demande, sauf si le médiateur ou les médiateurs proposés par les parties ne satisfont pas aux conditions visées à l'article 1726. (Art. 1734 § 1 CJ)

La décision ordonnant aux parties de tenter de résoudre le litige par une médiation [...] mentionne le nom et la qualité du médiateur agréé ou des médiateurs agréés, fixe la durée de la mission, sans que celle-ci puisse excéder six mois, et fixe la cause à la première date utile suivant l'expiration du délai. (Art. 1734 § 2 CJ)

Au plus tard lors de cette dernière audience, les parties informent le juge de l'issue de la médiation.

Si elles ne sont pas parvenues à un accord, elles peuvent solliciter d'un commun accord un nouveau délai ou demander que la procédure soit poursuivie. (Art. 1734 § 3 CJ)

Les parties peuvent solliciter une médiation soit dans l'acte introductif d'instance, soit à l'audience, soit par simple demande écrite déposée ou adressée au greffe. Dans cette dernière hypothèse, la cause est fixée dans les quinze jours de la demande. Le greffier convoque les parties par pli judiciaire, et, le cas échéant, leur conseil par simple pli. S'il s'agit d'une demande conjointe des parties, celles-ci et, le cas échéant, leur conseil sont convoqués par simple pli. (Art. 1734 § 4 CJ)

Lorsque les parties sollicitent conjointement qu'une médiation soit ordonnée, les délais de procédure qui leur sont impartis sont suspendus à dater du jour où elles formulent cette demande. (Art. 1735 § 5 CJ).

H. Quels sont les freins à la médiation ? Quels sont les facteurs favorables à la médiation ?

I. Sont-ils juridiques, économiques, institutionnels ?

La suspension du délai de prescription extinctive constitue un facteur utile au développement de la médiation :

- La signature du protocole suspend le cours de la prescription durant la médiation. (Art. 1730 § 3 CJ)
- Sauf accord exprès des parties, la suspension de la prescription prend fin un mois après la notification faite par l'une des parties ou par le médiateur à l'autre ou aux autres parties de leur volonté de mettre fin à la médiation. Cette notification a lieu par lettre recommandée. (Art. 1730 § 4 CJ)

Il n'existe pas d'incitant financier étatique, général, pour stimuler les règlements amiables des litiges, en Belgique.

Certains assureurs de protection juridique ont prévu une extension de leurs garanties pour couvrir la médiation.

L'assistance judiciaire belge qui correspond à « l'aide juridique » en France, incorpore la médiation.

L'assistance judiciaire est applicable (Art. 664 CJ) :

- à tous les actes relatifs aux demandes à porter ou pendantes devant un juge de l'ordre judiciaire ou administratif ou des arbitres ;
- aux actes relatifs à l'exécution des jugements et arrêts ;
- aux procédures sur requête ;
- aux actes de procédure qui requièrent un membre de l'ordre judiciaire ou l'intervention d'un officier public ou ministériel ;
- aux procédures de médiation, extrajudiciaires ou judiciaires menées par un médiateur agréé par la commission visée à l'article 1727 ;
- à toutes les procédures extrajudiciaires imposées par la loi ou le juge ;
- pour l'exécution des actes authentiques dans un autre État membre de l'Union européenne… ;
- à l'assistance d'un conseiller technique lors d'expertises judiciaires.
- Tout justiciable a le droit d'introduire une requête en assistance judiciaire s'il a la nationalité belge, si sa prétention paraît juste et s'il justifie de l'insuffisance de ses moyens d'existence, c'est-à-dire moins de 1 500 € nets par mois s'il est isolé ou moins de 1700 € nets par mois pour son ménage. (Art. 667 CJ)
- Les étrangers ont droit à l'assistance judiciaire, notamment s'ils sont ressortissants ou en résidence régulière sur un État membre du Conseil de l'Europe. (Art. 668 CJ)

1. Le statut du médiateur en Belgique

A. Appartenance obligatoire à un groupement ou à une association

La loi belge n'aménage pas une obligation d'appartenance des médiateurs à un groupement ou une association. Chaque médiateur fonctionne individuellement, mais rien ne l'empêche d'adhérer à une ou plusieurs associations de médiateurs, à un ordre professionnel ou à une chambre professionnelle. Il est prévu que la CFM rende des avis motivés au ministre de la

Justice sur les conditions auxquelles une association de médiateurs doit répondre pour pouvoir être représentative.

Mais il n'existe encore aucun avis en ce sens. Jusqu'à présent, la CFM s'est contentée de signaler sur son site, l'existence des associations de médiateurs, aidant les parties dans le choix d'un médiateur de confiance.

Dans la pratique, les organismes de formation des médiateurs correspondent le plus souvent soit à des établissements publics d'enseignement, soit à des groupements/associations de médiateurs.

B. Listes et Agrément

La loi belge institue une Commission fédérale de la médiation (CFM). Parmi ses missions, la CFM fixe les conditions et la procédure d'agrément des médiateurs, agrée les médiateurs en fonction des domaines particuliers de pratique de la médiation, procède à leur inscription sur la liste des médiateurs agréés. (Art. 1727 CJ)

Trois sous-commissions permanentes sont créées par la loi : 1/la commission pour l'agrément des médiateurs belges et étrangers ; 2/la commission pour l'agrément des formations et le suivi de la formation continue ; 3/la commission disciplinaire et de traitement des plaintes.

Pour présenter sa candidature à l'agrément, un médiateur démontrera une formation du niveau « bachelor », outre au minimum 2 ans d'activité professionnelle, ou sinon au minimum 5 ans d'activité professionnelle. Le candidat médiateur justifiera notamment avoir suivi une formation de base, une formation spécialisée et, avoir complété celles-ci par une formation permanente durant le cours de son exercice professionnel.

Nul ne peut utiliser le titre de « médiateur agréé », seul ou en combinaison avec d'autres termes, sans figurer sur la liste des médiateurs agréés.

L'article 227 quater du Code pénal belge punit d'une amende de deux cents euros à vingt mille euros :

i. « Celui qui agit professionnellement en tant que médiateur au sens du Code judiciaire, sans figurer sur la liste des médiateurs agréés visée à l'article 1727 et sans être dispensé de l'agrément à l'exception de celui qui agit professionnellement en tant que médiateur au sens du Code judiciaire dans des litiges entre entreprises.

ii. Celui qui, sans y être autorisé, s'attribue publiquement le titre professionnel de médiateur agréé et celui qui porte un titre ou ajoute à celui qu'il porte une mention pouvant prêter à confusion avec le titre professionnel de médiateur agréé.

Est puni de la même peine quiconque apporte sa collaboration à un tiers ou lui prête son nom dans le but de le soustraire à la peine qui sanctionne le port illégal du titre de médiateur agréé ou l'exercice illégal de la profession de médiateur agréé. »

C. Répartition sur le territoire

Le ressort territorial du Code judiciaire est national.

Toutes les communautés (flamande, francophone et germanophone) et toutes les régions (flamande, bruxelloise et wallonne) sont assujetties à l'ensemble des normes ci-devant relatives à la médiation.

D. Formations : formation de base, formations spécialisées, formations permanentes

i. La formation de base doit comprendre au moins 70 heures, dont les sujets suivants :

- Notion de conflit, de violence et de harcèlement
- Définition de la médiation et initiation à ses principes (éthique, approche philosophique, psychosociale)
- Le droit en lien avec la médiation (droit judiciaire ; l'ordre public ; le droit européen et international).
- La communication en lien avec la médiation (concepts et méthodes ; obstacles ; émotions ; dynamique)
- La psychologie en lien avec la médiation (notions ; psychopathologie ; le groupe ; types de conflit)

- La sociologie en lien avec la médiation (représentations ; cultures ; types de conflits)
- Processus de médiation (étapes du processus ; rôles des acteurs ; modèles et pratiques)
- Déontologie et éthique (principes ; règles et codes déontologiques ; pouvoirs du médiateur ; respect)
- Statut du médiateur agréé (responsabilité civile ; obligations administratives, fiscales et sociales)
- Intervention possible d'un tiers payant (Assurance protection juridique – Aide légale)
- Médiation à distance par voie électronique.

ii. Les formations spécialisées concernent cinq domaines particuliers de la pratique de la médiation, à savoir :

La formation spécialisée en médiation familiale comprend 35 heures au minimum :

- Notions de droit (mariage, cohabitation légale et cohabitation de fait ; divorce et séparation de corps ; relations parentales ; autorité parentale, relations personnelles, modalités d'hébergement ; obligations alimentaires, contribution aux frais d'entretien et d'éducation des enfants, calcul du secours alimentaire et de la pension alimentaire entre ex-époux).
- Droit patrimonial et droit des successions ;
- Procédure de conciliation devant le tribunal de la famille ; procédures judiciaires en matière familiale ;
- Dispositions d'ordre public et impératives ;
- Psychologie et sociologie (la famille ; les effets psychologiques des conflits familiaux ; place de l'enfant et de l'adolescent en médiation).
- Médiation internationale en matière familiale ;
- Médiation multiculturelle ;
- Médiation familiale à distance par voie électronique.

La formation spécialisée en médiation civile et commerciale comprend 35 heures au minimum :

- Notions de droit (droit des obligations, des biens, de la consommation, de la responsabilité, des assurances, droit économique et des sociétés) ;
- Dispositions d'ordre public et impératives ;
- Procédure de conciliation devant le tribunal de l'entreprise ;
- La médiation civile et commerciale ;
- La médiation internationale en matière civile et commerciale ;
- La médiation multiculturelle ;
- La médiation civile et commerciale à distance par voie électronique.

La formation spécialisée en médiation sociale (relations de travail et Sécurité sociale) comprend au moins 35 heures :

- Notions de droit du travail et de la Sécurité sociale ;
- Procédure de conciliation au tribunal du travail ;
- Dispositions d'ordre public et impératives ;
- La médiation sociale (dimensions humaines, relationnelles, et matérielles dans l'environnement du travail ; différents acteurs dans l'organisation et la culture d'entreprise) ;
- Le bien-être au travail ;
- Les conflits interpersonnels et collectifs au travail ;
- Initiation à la médiation internationale en matière sociale ;
- Initiation à la médiation multiculturelle ;
- Médiation sociale à distance par voie électronique.

La formation spécialisée « médiation et pouvoirs publics » comprend 35 heures au minimum :

- Notions de droit ;
- Spécificité des litiges avec les pouvoirs publics ;
- Cadre juridique (grands principes du droit public et administratif, de leurs procédures) ;
- Cadre politique et décisionnel ; cadre financier et budgétaire ;

- Médiation avec les pouvoirs publics (champ d'application, spécificités et limites avec les pouvoirs publics, relations avec les pouvoirs publics, représentants de l'administration et citoyens) ;
- Médiation du point de vue du fonctionnaire et du point de vue du citoyen ;
- Médiation internationale en matière de médiation et pouvoirs publics ;
- Médiation multiculturelle ;
- Médiation avec les pouvoirs publics à distance par voie électronique.

iii. Les formations permanentes

La CFM exige un complément de formation à concurrence de 18 heures par deux années. La formation permanente peut être : 1/une formation théorique ; 2/une formation pratique ; 3/l'intervision.

La formation théorique concerne le suivi de cours, la participation active ou passive à des congrès, conférences, cycles de conférences, symposiums, colloques, journées d'étude, séminaires, webinaires, e-séminaires, workshops et autres types d'ateliers.

La formation pratique comprend l'étude de cas, la supervision, les jeux de rôles ou les stages.

La supervision est confiée à un médiateur agréé ou un expert, disposant d'une expérience professionnelle de cinq ans au moins dans un des domaines de la médiation ou dans la fonction de supervision.

La supervision peut être individuelle ou collective.

L'intervision consiste en un échange de points de vue à propos de situations de médiation entre pairs médiateurs. L'intervision s'organise avec un minimum de cinq participants dont la majorité d'entre eux sont des médiateurs agréés. Sous réserve de la supervision et de l'intervision, la formation permanente doit être dispensée ou encadrée par au moins un formateur médiateur agréé.

E. Déontologie et rémunération des médiateurs

La CFM a édicté un code de déontologie des médiateurs[1].

Chaque médiateur est tenu de déclarer par écrit qu'il adhère au code de déontologie établi par la Commission fédérale de médiation et qu'il le respectera pendant toute la durée de l'agrément.

Notamment, chaque médiateur s'engage à présenter toutes les garanties d'indépendance, de neutralité et d'impartialité nécessaires à l'exercice de la profession de médiateur agréé.

Au sein de la CFM, c'est la Commission disciplinaire et de traitement des plaintes que la loi charge de la discipline des médiateurs et du traitement des plaintes contre les médiateurs et contre les organismes qui dispensent des formations en médiation.

La commission disciplinaire et de traitement des plaintes peut imposer les sanctions suivantes à l'égard d'un médiateur agréé :

- l'avertissement ;
- la réprimande ;
- l'obligation d'accomplir un stage pendant la durée et selon les modalités fixées par la commission ;
- l'obligation d'exercer sa profession exclusivement en co-médiation pendant la durée et selon les modalités fixées par la commission ;
- la suspension pour une période qui ne peut excéder un an ;
- le retrait de l'agrément.

La déontologie des médiateurs prescrit aussi la confidentialité du processus, à peine de sanction : en cas de violation de l'obligation de confidentialité ou de secret par les personnes qui y sont tenues en vertu de la présente disposition, le juge ou l'arbitre se prononce en équité sur l'octroi éventuel de dommages et intérêts, et sur la hauteur de ceux-ci. Les documents et communications confidentiels tiers qui sont malgré tout communiqués ou sur lesquels une partie se base en

---

[1] (https://www. cfm-fbc. be/sites/default/files/content/deontologische_code_-_code_de_deontologie_av-ag_16_12_2020. pdf).

violation de l'obligation de confidentialité sont d'office écartés des débats.

La déontologie des médiateurs suggère qu'un médiateur propose à ses clients un mode de calcul de ses honoraires et de ses frais, lui permettant d'exercer son activité dignement.

Ce mode de calcul doit également témoigner d'une juste modération à la lumière notamment de la capacité contributive des médiés, de l'urgence, de la complexité et de l'enjeu du litige.

Le coût d'une médiation dépendra des services prestés, de la durée du processus de médiation, du nombre de parties et des frais supplémentaires supportés par le médiateur.

La majorité des médiateurs travaille à un tarif par heure prestée. Ce tarif peut varier en fonction de la complexité du litige, mais, le plus souvent, les coûts d'une médiation varient entre 100 €/h et 150 €/h de vacation, outre les frais de dossier et de courrier.

Le médiateur est obligé de mentionner son tarif dans le protocole de médiation, où s'exprime expressément l'accord du médiateur et de ses clients quant au mode de calcul des honoraires et des frais.

2. Comment aller plus loin en Belgique :

A. Former, informer, acculturer

La Commission fédérale de la médiation publie la liste des médiateurs en fonction des domaines particuliers de pratique de la médiation.

Cette liste est diffusée auprès des cours et tribunaux, auprès des autorités fédérales, communautaires et régionales et auprès des pouvoirs locaux.

La CFM informe le public des possibilités offertes par la médiation

B. Formaliser et évaluer

La CFM prend toutes les mesures nécessaires pour promouvoir le bon exercice de la médiation.

La CFM soutient de nouvelles méthodes et pratiques de médiation et d'autres modes de résolution des litiges.

La CFM rédige et publie, sur son site internet, un rapport annuel portant sur l'exécution de ses missions légales.

C. Légiférer

L'assemblée générale de la CFM communique un rapport annuel au ministre de la Justice.

La CFM propose au ministre d'adopter des mesures qui lui paraîtraient judicieuses en vue d'améliorer le processus de médiation.

CHAPITRE VI

LA ROUMANIE

Par **Dragoş CALIN,**
juge à la Cour d'appel de Bucarest,
ancien vice-président de GEMME

Le cadre législatif actuel sur la médiation en Roumanie est inefficace. Au cours de la période 2014-2022, le nombre de cas résolus par la médiation a continuellement diminué (2 085 en 2014 ; 2 313 en 2015 ; 1 511 en 2016 ; 985 en 2017 ; 727 en 2018 ; 676 en 2019 ; 343 en 2020 ; 323 en 2021 contre 216 en 2022). [1]

Les chiffres sont inquiétants, en Roumanie la médiation ne constitue pas un véritable outil alternatif de résolution des conflits. La législation s'avère inefficace et insuffisante.

Les autorités compétentes (le Conseil de la médiation, le Conseil supérieur de la magistrature, le ministère de la Justice) doivent s'impliquer et mettre en œuvre un projet efficace de réforme de la médiation.

Médiation et procédure civile : les éléments d'actualité dans mon pays

Médiation obligatoire ou facultative

La médiation en Roumanie est volontaire. Le tribunal devant lequel un litige est porté ne peut proposer aux parties que

[1] Voir http://www. forumuljudecatorilor. ro/index. php/archives/6679

l'affaire soit renvoyée à la médiation, il n'a pas le droit d'ordonner la médiation. Le juge doit essayer, durant tout le procès, de concilier les parties. L'article 21 CPC (concernant la tentative de concilier les parties) présente les principes fondamentaux du procès civil, l'obligation pour le juge de tenter la conciliation des parties tout au long du processus, de donner des orientations requises par la loi et la recommandation de régler à l'amiable le différend par la médiation.

L'Ordonnance d'urgence no. 90 du 12 décembre 2012 modifiant et complétant la loi n° 192/2006 a disposé que les deux parties sont obligées d'assister à une séance d'information concernant la médiation ; mais ce n'est que de l'information. La médiation n'est jamais obligatoire, il faut que les deux parties soient consentantes. De plus, cela concerne seulement les personnes qui ont porté plainte, et qui se dirigent vers un procès. Cette ordonnance d'urgence a été promulguée de manière que les citoyens songent à utiliser plus sérieusement la médiation comme moyen de résoudre leurs problèmes[2].

La preuve de la participation à la séance d'information sur les avantages de la médiation dans une affaire donnée doit être faite par un rapport d'information publié par le médiateur qui avait obtenu l'information.

Dans les affaires civiles, l'Ordonnance d'urgence no. 90 du 12 décembre 2012 a institué, avec effet à partir du 1er août 2013, la sanction de rejet de l'action comme irrecevable, en raison de l'incapacité du demandeur de remplir son obligation de participer à la séance d'information concernant la médiation[3].

Le 7 mai 2014, la Cour constitutionnelle, par la Décision no. 266/2014 a admis à l'unanimité l'exception d'inconstitution-

---

[2] Voir Claudiu Ignat, http://www.lepetitjournal.com/bucarest/accueil/actualite/137807-justice-la-mediation-l-autre-option

[3] Voir aussi Constantin Adi Gavrilă, *Breaking Down the Romanian Mediation Law*, http://jamsad-rblog. com/2012/04/26/breaking-down-the-romanian-mediation-law/, Constantin Adi Gavrilă, *Mandatory information sessions starting January 2013 in Romania*, http://kluwermediationblog. com/2012/07/30/mandatory-information-sessions-starting-january-2013-in-romania

nalité dirigée contre les dispositions de l'article 2, paragraphe 1, et 1^2 de la Loi n. 192/2006 concernant la médiation et la profession de médiateur et a déclaré que les dispositions précitées sont inconstitutionnelles.

La Cour a estimé que, « bien que la législation nationale, à savoir la loi no. 192/2006 et le Code de procédure civile [la dernière phrase de l'article 227 (2)], et la directive 2008/52/CE du Parlement européen a consacré la médiation comme une procédure volontaire, alternative et informelle, l'article 2 (1) de la loi no. 192/2006 prévoyait que les parties étaient obligées d'assister à la séance d'information sur les avantages de la médiation, sous peine d'irrecevabilité de l'action en justice, établie par le paragraphe (1^2) du même article. Ainsi, bien que la médiation soit facultative, la séance d'information sur les avantages de la médiation est obligatoire.

Le règlement attaqué, c'est-à-dire l'article 2, paragraphe 1, de la loi no. 192/2006, en vertu de laquelle les parties étaient obligées de passer par la procédure d'information sur la médiation, a réfuté la présomption irréfragable « nemo censetur ignorare legem ». Si la loi, en l'occurrence la loi no. 192/2006, avec tous ses amendements, est publié au Journal officiel de la Roumanie, selon le même adage, les citoyens bénéficient d'une présomption de connaissance de la loi. Dès lors, une procédure spéciale d'information ne se justifie pas au regard du contenu d'une telle loi. Il est évident que cette obligation, établie sous toute sanction, et pas seulement sous celle de l'irrecevabilité de la requête, est contraire à l'article 21 de la Constitution, qui stipule qu'aucune loi ne peut restreindre l'exercice du libre accès à la justice.

L'obligation de participer à la séance d'information sur les avantages de la médiation représente une restriction du libre accès à la justice, car elle devient un filtre pour l'exercice de ce droit constitutionnel et, par la sanction d'irrecevabilité de l'action en justice, ce droit n'est pas seulement limité, mais même interdit. Comme il peut y avoir des situations dans lesquelles des personnes morales ou physiques souhaitent que la résolution des conflits soit menée exclusivement par le tribunal de première instance, la Cour a estimé que la réglementation contestée ne leur permettait pas d'évaluer par elles-mêmes si elles avaient ou non besoin de ces informations. Le libre accès à la justice est le droit de toute personne de saisir un tribunal pour défendre ses droits ou faire valoir ses intérêts légitimes. Toute restriction à ce droit, aussi minime soit-elle, doit être dûment justifiée, en examinant dans quelle mesure les inconvénients qu'il entraîne ne l'emportent pas sur les avantages éventuels. Tant dans la jurisprudence de la Cour constitutionnelle que dans la jurisprudence de la Cour européenne des droits de l'homme, il est dit que « sa simple consécration juridique, même au niveau suprême, par la Constitution, n'est pas de nature à assurer également son efficacité réelle, alors que, dans la pratique, son exercice se heurte à des barrières. Par conséquent, l'accès à la justice doit être assuré de manière efficace et efficiente » (voir, par exemple, la décision de la Cour constitutionnelle n° 670 du 18 mai 2011, publiée au Journal officiel de la Roumanie, partie I, n° 421 du 16 juin 2011).

Par conséquent, la Cour a estimé que la procédure préalable obligatoire d'information sur les avantages de la médiation apparaissait comme une entrave au droit du citoyen d'obtenir justice. Par ailleurs, une procédure consistant en l'information sur l'existence d'une loi viole incontestablement le droit d'accès à la justice, ce qui fait peser une charge indue sur l'individu, d'autant plus que la procédure se limite à une simple obligation d'information, et non à la tentative effective de régler le conflit par la médiation, de sorte que la participation des parties à la séance d'information devant le médiateur soit formelle. Au vu de ce qui précède, la Cour a jugé inconstitutionnelle et contraire aux dispositions de l'article 21 de la Constitution.

À la suite de la décision de la Cour constitutionnelle, la participation à des séances d'information sur les avantages de la médiation est désormais facultative et non plus une condition pour l'introduction de l'action judiciaire.

En Roumanie, la Cour constitutionnelle a annulé à deux reprises des tentatives d'introduction d'éléments obligatoires.

En septembre 2018 (décision n° 560), une nouvelle tentative législative a été faite, qui aurait simplement nécessité une médiation dans certains cas avant le procès.

La Cour a estimé que « l'obligation imposée aux parties de tenter de résoudre le litige par la médiation, même lorsque les parties souhaitent que le litige soit résolu exclusivement par les tribunaux, semble être un obstacle pour les citoyens à protéger leurs droits devant le tribunal et est contrairement à l'arrêt de la Cour constitutionnelle dans la décision n° 266 du 7 mai 2014. Les dispositions de l'article I point 10 de la loi sont soumises au contrôle de constitutionnalité — qui modifie l'article 43 alinéa (2^1) de la loi n° 192/2006 – sont contraires à l'article 147 par. (4) et article 21 de la Constitution. La Cour a également estimé que même en imposant ce comportement aux parties, en utilisant l'expression "essayera", sans être suivi d'une sanction ou d'une ordonnance du juge, dans le cas où les parties ne tentent pas de régler le différend par la médiation, il détermine un flou et le caractère imprécis de la règle critiquée, qui n'est pas conforme à l'article 1 par. (5) de la Constitution. »

Quels litiges, quelles juridictions ?

Selon le dernier développement dans la législation sur la médiation en Roumanie, dans les litiges qui peuvent se former, conformément à la loi, l'objet d'une médiation, les parties et/ou la partie concernée, le cas échéant, sont tenus de prouver qu'ils ont participé à la séance d'information sur les avantages de la médiation, dans les domaines suivants :

- Dans le domaine de la sécurité des consommateurs, quand un consommateur invoque l'existence d'un dommage à la suite de l'achat d'un produit ou d'un service défectueux, le non-respect des clauses contractuelles ou des garanties accordées, l'existence de clauses abusives incluse dans le contrat conclu entre les consommateurs et les opérateurs économiques, ou de la violation d'autres droits prévus par la législation nationale ou de l'Union européenne dans le domaine de la sécurité des consommateurs ;
- En matière de droit de la famille, dans les situations prévues par l'art. 64 ;
- Dans le domaine des litiges concernant la possession, les limites de propriété, ainsi que dans d'autres litiges qui considèrent les relations de voisinage ;

- Dans le domaine de la responsabilité professionnelle dans laquelle la responsabilité professionnelle peut être tenue, dans la mesure où à travers des lois spéciales aucune autre procédure n'est prévue ;
- Dans les litiges découlant de la conclusion, de l'exécution de contrats de travail individuels ;
- Dans les litiges civils dont la valeur est sous 50. 000 lei, à l'exception des litiges dans lesquels il est prononcé une ordonnance exécutoire de l'ouverture de la procédure d'insolvabilité, des actions concernant le Registre du Commerce et des cas dans lesquels les parties choisissent de recourir aux procédures prévues à l'art. 999 — 1 018 du CPC ;
- Dans le cas de crimes pour lesquels l'action pénale est mise en mouvement par la personne lésée et la réconciliation des parties supprime la responsabilité pénale, après le dépôt de la plainte, si l'acteur est connu ou a été identifié, à la condition que la victime exprime son consentement à participer à la séance d'information avec l'acteur.

Quand : avant, pendant et après le procès ? Quel office du juge : promotion, prescription, homologation ; quelle sanction en cas de refus ?

Toute partie peut proposer aux autres parties, indépendamment de toute procédure judiciaire ou arbitrale, avant, pendant ou après le déroulement d'une procédure judiciaire, de recourir au processus de médiation. Le juge peut recommander aux parties d'assister à une séance de médiation, mais les parties décideront si elles la suivront ou non.

L'accord de médiation est appelé « contrat de médiation » en vertu de la loi roumaine sur la médiation. La tenue de séances de médiation avant la signature d'un contrat de médiation est interdite. Le contrat de médiation doit être conclu entre le médiateur, d'une part, et les parties en conflit ou en litige, d'autre part.

Lorsqu'une seule partie soumet la demande de médiation, le médiateur envoie une invitation écrite à l'autre partie pour accepter la médiation, en indiquant un délai maximum de 15 jours pour répondre. L'invitation est envoyée par tout moyen de livraison susceptible d'accuser réception du texte. Le demandeur doit fournir au médiateur toutes les informations nécessaires pour contacter l'autre partie. Si l'une des parties n'est pas en mesure de rencontrer le médiateur lors de sa convocation, le médiateur, à la demande de l'autre partie, peut fixer une nouvelle date et notifier le changement à l'autre partie. Si la médiation est acceptée, les parties en conflit ou en litige signeront un accord avec le médiateur. Si l'une des parties refuse explicitement par écrit la médiation, ne répond pas à l'invitation ou ne rencontre pas le médiateur deux fois de suite dans les délais indiqués pour la signature du contrat de médiation, la médiation peut être considérée comme non acceptée. La tenue de séances de médiation avant la signature d'un accord de médiation (ou d'un contrat de médiation) est interdite.

Les parties sont libres de choisir un médiateur parmi le panel officiel de médiateurs accrédités délivré par le Conseil de médiation, sans aucune stipulation. Ce panel est disponible dans les juridictions ainsi que sur le site internet du Conseil de médiation, qui est également chargé de publier le panel au Journal officiel deux fois par an. Les tribunaux et le juge ne sont pas autorisés à aider les parties à désigner un médiateur et il n'est pas courant de demander l'aide d'institutions ou d'autres organes officiels.

Le médiateur a le droit de recevoir une rémunération, fixée par négociation avec les parties, ainsi que le remboursement des dépenses du processus de médiation. Les frais doivent être d'un montant raisonnable et tenir compte de la nature et de l'objet du litige. Sauf convention contraire, les frais de médiation sont à la charge des parties.

Le contrat de médiation représente un titre exécutoire en ce qui concerne les obligations des parties de payer les honoraires dus au médiateur dans les délais impartis. La médiation étant un service privé, il n'y a pas de barèmes d'honoraires officiels qui doivent être utilisés par le médiateur et les parties ; chaque prestataire de services est libre de décider de la redevance en utilisant des grilles tarifaires ou par une détermination individuelle pour chaque cas.

Lorsque l'objet de la médiation présente des aspects juridiques ou juridiques difficiles ou controversés ou des aspects liés à d'autres domaines spécialisés, le médiateur peut, sur la base du consentement des parties concernées, demander l'avis d'un spécialiste externe dans le domaine respectif.

Selon la loi sur la médiation, chaque médiateur a le droit d'utiliser son propre modèle pour organiser la procédure de médiation, en respectant les dispositions et les principes énoncés dans la loi (autodétermination, neutralité, impartialité, confidentialité et consentement éclairé).

Le secret professionnel est reconnu à la fois comme un droit et comme un devoir premier et fondamental du médiateur.

Lorsque la procédure de médiation est close pour une affaire également pendante devant une juridiction, le médiateur est tenu en tout état de cause de remettre au juge l'original et la forme électronique de l'accord de médiation et le procès-verbal de clôture de la médiation signé si les parties parvenues à un accord, ou seulement la déclaration signée de clôture de la médiation si la médiation s'est clôturée avant le règlement ou sans aucun règlement.

En 2011 et 2012 a été publiée la sélection unique des affaires résolues par la médiation, qui comprend environ 200 affaires dans toutes les matières : affaires civiles, commerciales, familiales, administratives ou du travail. La sélection a été faite par les juges de la section roumaine du GEMME et comprend des commentaires sur les accords, les solutions adoptées par les juges et les dispositions légales applicables.

Quel est le rôle des avocats et des parties ?

En vertu de la loi roumaine sur les avocats, tous les avocats doivent informer leurs clients des modes alternatifs de règlement des litiges, mais il n'y a pas de sanction s'ils ne le font pas. En pratique, il n'est pas courant que les avocats conseillent à leurs clients de participer à la médiation/conciliation. Les parties ont le droit d'être accompagnées de leurs avocats, conformément à l'article 52 de la loi sur la médiation. En pratique, les avocats sont incités par les juges ou les médiateurs à accompagner leurs clients en médiation et dans la majorité des cas ils le font.

Quels freins ou facteurs favorables : économiques, institutionnels ou organisationnels ?

En règle générale, la prescription ne commence pas à couler et, si elle commençait à couler, elle serait suspendue. Selon l'article 2532, alinéa 6 du Code civil, la prescription est suspendue si les négociations entre les parties ont lieu au plus tôt six mois avant l'expiration du délai de prescription. Selon le point 7 du même article, si les négociations ont lieu en vertu d'une clause contractuelle ou dans le cadre d'une procédure judiciaire préalable, la prescription est suspendue pour une durée maximale de trois mois. Si les parties assistent uniquement à une séance d'information sur la procédure de médiation et ses avantages sans engager de procédure de médiation, cela ne suspend pas le délai de prescription d'une action en justice.

La législation roumaine prévoit le remboursement de tous les frais de justice si les parties règlent un différend en recourant à la médiation. Les résultats obtenus en Roumanie en s'appuyant sur la médiation prouvent que celle-ci est susceptible d'assurer un règlement amiable économique et rapide dans le cadre d'une procédure adaptée aux besoins des parties.

Le statut du médiateur en Roumanie ?

Qui peut être médiateur ?

Conformément à l'art. 7 de la Loi no. 192/2006, modifiée par la Loi no. 370/2009, « toute personne qui remplit les conditions suivantes peut être un médiateur si elle :

a) a une capacité d'exercice totale ;
b) a des études supérieures ;

c) Expérience de plus de 3 ans ;
d) Est médicalement capable d'exercer cette activité ;
e) Jouit d'une bonne réputation et n'a jamais été condamnée définitivement pour avoir commis une infraction intentionnelle, capable de heurter le prestige de la profession ;
f) a achevé la formation de médiateur, dans les conditions de la loi, ou d'un programme postuniversitaire niveau master dans le domaine, reconnu conformément à la loi et approuvé par le Conseil de médiation ;
g) a été autorisée comme médiateur dans les conditions de cette loi ».

Les antécédents des médiateurs roumains sont très diversifiés, des avocats aux anciens juges, des psychologues, ingénieurs, médecins, économistes, ou des policiers. Certains d'entre eux suivent des cours de médiation (80 heures) juste pour mieux comprendre le concept de la médiation. D'autres voient la médiation comme une alternative qui pourrait apporter plus de satisfactions professionnelles. Quelle que soit la raison, tous ces gens se tournent vers une autre façon de résoudre les conflits, une approche plus constructive, plus créative[4].

Qui peut le nommer ou le désigner, que ce soit dans le contexte d'une médiation privée ou dans celui d'une médiation judiciaire.

Pour contribuer à l'organisation du système, la Loi no. 192/2006 a créé un organisme autonome, qui développe une activité d'intérêt public. C'est le Conseil de médiation, constitué de 9 personnes autorisées comme médiateurs (et 3 membres suppléants), désignées par vote par les médiateurs autorisés. Dans le cadre d'un mandat de 2 ans. Les membres du Conseil assument la responsabilité de réglementation dans le domaine de la médiation, envisageant, en principal, l'assurance de la qualité de l'acte de médiation et la construction d'un système cohérent d'utilisation de la médiation en Roumanie.

---

[4] Roxana Maria Călin, Discuții cu privire la aplicarea legii medierii de instanțele judecătorești. Critica unor dispoziții legale, Revista Forumul Judecătorilor nr. 4/2012, p. 112

Le Conseil de médiation est la seule institution qui a la responsabilité d'établir les formes d'exercice de la profession de médiateur et d'en garder l'évidence.

Les médiateurs autorisés sont inscrits dans un tableau des médiateurs, publié chaque année dans le Journal officiel de la Roumanie, sur le site du Conseil de médiation et sur le site du ministère de la Justice qui, à son tour, va distribuer le Tableau à toutes les instances juridiques et à toute autre institution intéressée par la médiation. Le tableau des médiateurs est actualisé chaque mois, après chaque réunion du Conseil qui approuve l'inclusion dans le tableau de nouveaux médiateurs.

À présent (2023), le tableau des médiateurs comprend environ 4 376 médiateurs autorisés.

Comment allez plus loin ?

La médiation n'est pas suffisamment promue au niveau local, national et international. Bien que des progrès considérables aient été réalisés, qui sont soutenus par la législation européenne, un enjeu majeur dans la promotion de la médiation transfrontalière résulte du manque d'information des justiciables, des avocats, des juges et plus largement des citoyens sur la médiation et ses avantages. La dépendance au chemin de s'appuyer sur le système de justice traditionnel et une connaissance insuffisante des modes alternatifs de résolution des conflits entraînent des coûts plus élevés et une perte de temps précieux. Dans le cas où la médiation n'est pas organisée sous ou à côté des tribunaux et est réglementée comme une profession indépendante, comme c'est le cas en Roumanie, la communication entre les médiateurs, les parties et le pouvoir judiciaire pourrait être entravée, surtout s'il n'y a pas une tradition de recourir à des alternatives de règlement des différends.

Plusieurs sénateurs et députés roumains ont organisé un groupe de travail pour modifier la loi sur la médiation, mais sans résultats pour le moment. Parmi les propositions les plus importantes figurent l'introduction d'une séance de médiation obligatoire dans un type particulier de cas, comme les litiges concernant le droit de la famille ou les litiges de consommation, qui pourraient être facilement résolus par la médiation, sur le modèle italien, selon une formule compatible avec le principe du droit d'accès au tribunal, avant d'élargir progressivement le champ d'application. Si la médiation n'était pas suivie, le procès ne serait pas annulé, mais ne serait reporté que pour achever la procédure. Une autre solution est l'extension de l'aide judiciaire publique à cette procédure. Une mesure proposée concerne également l'organisation de centres de médiation sous la responsabilité ou la coordination du ministère de la Justice.

Nous attendons une étude de la Commission de Venise sur la médiation obligatoire, proposé par le Forum des Juges de Roumanie.

CHAPITRE VII

LA BULGARIE

Par **Desislava DJAROVA**,
ancienne juge à la Cour de première instance de Sofia,
avocate au Barreau de Sofia,
médiatrice et membre de GEMME-Bulgarie

La médiation en Bulgarie dans le domaine civil et commercial

La médiation en Bulgarie ne peut pas être examinée séparément des formes traditionnelles de résolution de conflits comme la négociation entre les parties et l'accord au cours de la procédure civile. L'article va se concentrer dans le domaine civil et commercial.

1. La tradition des négociations et de l'accord au cours de la procédure civile

En Bulgarie il y a une longue tradition de l'accord homologué par le juge. Ici l'accent est posé sur le travail des avocats en dehors du procès. Les avocats qui aiment le dialogue, qui sont ouverts à l'autre partie et qui font preuve de souplesse, sont les plus actifs. Le rôle du juge est central puisqu'il a l'obligation d'éclaircir les faits de l'affaire en posant des questions aux parties. Dans la première audience, le juge est obligé d'inviter les parties à conclure un accord sur l'objet de l'affaire[1]. Le juge a la même obligation

[1] Article 145, alinéa 3 du Code de procédure civile

avant les plaidoiries finales. De cette manière, il devient un catalyseur du processus de négociation.

L'accord des parties est réglé par le droit civil et le droit procédural bulgare (la loi sur les obligations et des contrats et le Code de procédure civile.)[2] L'accord inclut les conséquences juridiques du règlement à l'amiable (le contrat réglé par l'article 365 de la loi sur les obligations et les contrats). Il s'agit d'un contrat bilatéral, à titre onéreux, qui doit être conclu devant le tribunal saisi de l'affaire. Ce contrat est inclus dans le procès-verbal du tribunal, signé par les parties et certifié par l'ordonnance du juge, en vertu de l'art. 234 (1) du Code de procédure civile. Le tribunal veille à la conformité de l'accord à la loi et aux bonnes mœurs. Cette ordonnance, en substance, est un acte conservatoire, délivré à la demande conjointe des parties afin de donner une validité juridique au règlement judiciaire et n'est pas susceptible d'appel.

L'accord, homologué par le juge, comme tout contrat, peut être nul ou annulable. Il peut être attaqué devant les tribunaux. La probabilité de nullité ou d'annulation de ce contrat est relativement faible, étant donné qu'il est conclu devant le tribunal et approuvé par celui-ci. L'accord homologué est exécutoire (art. 234 al. 3 du Code de procédure civile, art. 404 al. 1 al. 5 CPC).

Pendant de nombreuses années, en vertu du Code de procédure civile abrogé, la première audience était essentielle pour le règlement amiable. Avec les modifications apportées par le nouveau Code de procédure civile, en vigueur depuis le 01. 03. 2008, la nature de la première audience a changé. Lors de la première audience est le moment crucial où le demandeur doit préciser et compléter sa requête, présenter des éléments de preuve relatifs et donner son avis sur les objections du défendeur. C'est le moment décisif pour le défendeur d'indiquer et de présenter les nouveaux éléments de preuve qu'il n'a pas indiqués dans sa réponse écrite.

---

[2] La loi sur les obligations et des contrats est en vigueur depuis 1950 avec des rectifications et l'actuel Code de procédure civile est en vigueur depuis 2008, adopté à la place de l'ancien CPC de 1952

Il ne s'agit plus d'une audience au cours de laquelle le juge, en clarifiant les positions des parties, donne le ton de la négociation, mais plutôt une audience au cours de laquelle l'attention des parties et du juge est concentrée sur les faits, les qualifications du litige et les moyens de preuve.

Cela montre que le moment le plus approprié pour les négociations entre les parties est actuellement décalé avant l'ouverture de l'affaire civile, dans la période de la réponse à la demande, avec ou sans l'aide d'un médiateur agréé. Rien ne s'oppose à ce que les parties demandent l'arrêt de la procédure afin de négocier au cours de l'affaire ou aller en médiation. Il est également important de savoir si les éléments de preuve qui seront recueillis dans le cadre de l'affaire (p. ex., l'expertise en matière d'évaluation) sont essentiels pour les négociations.

2. La loi sur la médiation

A. Notes historiques

La loi sur la médiation a été publiée dans le Journal officiel le 17 décembre 2004. Elle a subi six rectifications dont la plus importante est celle du 2 février 2024. La loi contient des dispositions sur les principes de la médiation, la posture du médiateur, la procédure de la médiation conventionnelle et la procédure de la médiation judiciaire, sur l'accord homologué. Dès son entrée en vigueur, la loi sur la médiation prévoit la possibilité de médiation conventionnelle et de médiation judiciaire dans les différends suivants : différends civils, différends commerciaux, différends dans le domaine du droit de famille, affaires administratives, affaires concernant les consommateurs, affaires dans des cas prévus dans le Code de procédure pénale, autres différends entre personnes physiques ou entités juridiques y compris des affaires transfrontalières.

La période de l'entrée en vigueur de la loi sur la médiation jusqu'à ces jours-là, est liée à un processus de formation de juristes et de non-juristes à la médiation par des associations créées au cours des années et de rependre l'idée de la médiation dans la société. En 2010, grâce aux efforts des juges — membres du Groupement européen des magistrats pour la médiation et des médiateurs de la capitale, le Centre de négociation et de médiation auprès du tribunal de première instance de Sofia a été créé pour l'utilisation de la loi, au cours des affaires pendantes. Treize ans depuis ce moment-là, les médiateurs de ce centre travaillent bénévolement à cause du manque de financement de la médiation judiciaire.

B. Changements de la loi sur la médiation, publiés dans le JO N 11 du 2 février 2023

Les changements dans la loi sur la médiation, publiés dans le Journal officiel N11 du 2 février 2023 sont liés principalement à la médiation judiciaire. C'est pourquoi des changements sont apportés aussi dans le Code de procédure civile. Le but c'est de créer des centres de médiation auprès des tribunaux de grande instance et d'implémenter une rencontre obligatoire en médiation dans certaines affaires civiles et commerciales indiquées dans la loi.

La rencontre obligatoire devant un médiateur au cours de certaines affaires pendantes

Les changements ont provoqué des tensions entre avocats et médiateurs. Certains avocats voyaient une médiation obligatoire s'installer en Bulgarie. Les organisations des médiateurs étaient mécontentes que l'État ne donne pas son soutien à la médiation conventionnelle.

Le changement dans la Loi sur la médiation prévoit dans son article 22 les affaires dans lesquelles il y aurait une rencontre ordonnée obligatoirement par le juge. Cette rencontre va durer jusqu'à trois heures. Les parties pourraient continuer la procédure dans le centre de médiation auprès du tribunal ou bien, avec les mêmes médiateurs, en dehors du centre. La Loi sur la médiation prévoit une future ordonnance à établir par le Conseil suprême de la magistrature pour une réglementation plus détaillée des centres, des exigences envers les médiateurs et du financement.

L'article 19, alinéa 2 de la Loi sur la médiation donne la possibilité aux parties d'engager un médiateur du centre auprès du tribunal pour la procédure de médiation dans d'autres types d'affaires.

Dans le nouvel article 140a, alinéa 1, du Code de procédure civile on prévoit les cas d'une première réunion de médiation, ordonnée obligatoirement par le juge :

a) Répartition de l'usage d'un bien en copropriété, en vertu de l'art. 32 al. 2 de la loi sur la propriété
b) Créances pécuniaires entre copropriétaires, en vertu de l'art. 30 (3) et 31 (2) de la loi sur la propriété
c) Partage de propriété – deuxième phase – art. 34 de la loi sur la propriété
d) Réclamations relatives aux frais de réparation dans les parties communes de la copropriété — art. 6 de la Loi sur la gestion des immeubles en copropriété et l'art. 48 al. 7 de la même loi,
e) Révocation d'une décision de l'assemblée générale de la copropriété — art. 40 (1) et 43 (1) de la Loi sur la gestion des immeubles en copropriété
f) Valeur de paiement d'une action de la société – art. 125 al. 3 de la loi du commerce
g) Responsabilité du gérant ou du responsable du traitement d'une société à responsabilité limitée pour les dommages causés à une société – art. 142 al. 3, 145 de la loi du commerce.

Le Code de procédure civile, dans son nouvel article 140a, alinéa 2, prévoit dans quels litiges le juge peut renvoyer les parties à une première réunion de médiation obligatoire. Il s'agit d'affaires dans le domaine du droit de la famille, du droit du travail, des litiges contractuels dont le prix de la réclamation est inférieur ou égal à 25 000 BGN ; des litiges, en cas de nullité, d'annulation de contrats dont le prix est inférieur à 25 000 BGN ; des affaires liées à la revendication de propriété et d'autres droits réels ou de possession altérée, etc.

Le pouvoir discrétionnaire du tribunal, par exemple, en ce qui concerne les différends familiaux, sera fondé sur la question de savoir si un règlement rapide du différend est dans l'intérêt des parties ou de l'enfant. Dans la plupart des cas, un tel besoin est présent. Le Code de procédure civile définit dans la disposition de l'art. 140a alinéa 3, les critères d'appréciation pour le recours à une réunion de médiation obligatoire, dont la liste n'est pas limitative.

Selon le texte, une réunion de médiation est appropriée lorsque les parties sont dans une relation durable, lorsqu'il y a plusieurs affaires entre elles qui ont un lien les unes avec les autres, lorsque les circonstances principales sont indiscutables, lorsque plusieurs demandes et demandes reconventionnelles ont été déposées dans l'affaire, lorsqu'il existe d'autres circonstances indiquant que le litige se prête à la médiation.

Le Code de procédure civile introduit une incitation supplémentaire pour le recours à une réunion de médiation obligatoire, en vertu de l'art. 140a du Code de procédure civile ou une réunion de médiation pour laquelle le tribunal a transmis les parties (Art. 140 b du CPC). À la suite d'un accord judiciaire, à la suite d'une médiation judiciaire ou d'un renoncement à la demande, le demandeur a droit au remboursement de 75 % des frais de l'État qu'il a payés lors de l'introduction de l'affaire (article 78, § 9, du Code de procédure civile.

Conclusion

En Bulgarie, selon l'art. 18 § 1 du code de déontologie de l'avocat, l'avocat a l'obligation de parvenir à un règlement efficace du différend du client. L'avocat informe et conseille le client sur les possibilités de parvenir à un accord, à une conciliation ou à la disponibilité de moyens alternatifs de résolution du litige[3].

Le législateur entreprend, avec une certaine prudence, des changements dans la procédure civile et dans l'administration de la justice civile, afin d'élargir le champ de la médiation. L'inclusion de médiateurs agréés dans les réunions avec les parties aux litiges en cours vise à régler un plus grand nombre d'affaires volontairement, par le biais d'accords homologués par le tribunal. L'extension du champ d'application des modes alternatifs de résolution des conflits, en particulier la médiation, n'est qu'une des mesures (structurelles et organisationnelles, de personnel, législatives, technologiques) que l'État doit entreprendre pour parvenir à un changement dans la qualité de la justice en matière civile et commerciale.

---

[3] Décision du Conseil suprême de la magistrature № 324 du 8. 07. 2005, Journal officiel du 22. 07. 2005г.

CHAPITRE VIII

LE ROYAUME-UNI

Par **Timothy POWELL**, juge régional de Londres,
First-tier Tribunal Property Chamber (Residential Property)
Membre de GEMME UK

Vue d'ensemble

La médiation en tant qu'outil de résolution des conflits est bien établie au Royaume-Uni depuis de nombreuses années. Des organismes professionnels et des particuliers proposent régulièrement des services de médiation accrédités et commerciaux. Par exemple, le Civil Mediation Council (CMC) est une organisation caritative créée au début des années 2000 pour favoriser la résolution des conflits et des litiges en encourageant le recours à la médiation et en éduquant le public sur ce qu'est la médiation et sur la manière dont elle peut aider. Cependant, lorsque les parties sont déjà impliquées dans un processus formel de résolution des conflits, que ce soit devant les tribunaux ou les cours de justice, le recours à la médiation est inégal. Cela peut s'expliquer à la fois par un manque de compréhension de la nature de la médiation et par une réticence à sortir d'une arène de résolution des litiges pour entrer dans une autre.

Cela dit, un certain nombre d'initiatives ont été prises au cours des 30 dernières années pour encourager le recours à la médiation et permettre l'accès à la médiation. Par exemple, dans les tribunaux civils, les parties sont régulièrement encouragées à recourir à la médiation et, si elles ne le font pas, elles peuvent être condamnées aux dépens. [1] Dans les tribunaux de la famille, la médiation fait partie intégrante de tous les aspects du divorce et de la séparation. Les médiateurs familiaux sont réglementés et régis par le Conseil de la médiation familiale (FMC). Dans les tribunaux, l'Employment Tribunal et la Property Chamber proposent des services de médiation judiciaire depuis plus de 15 ans.

La valeur de la médiation ne peut être sous-estimée. L'un des obstacles à la généralisation de la médiation a été le point de vue, soutenu par la jurisprudence de la Cour d'appel, selon lequel les parties ne peuvent être contraintes à la médiation. Ce point de vue a été remis en question après la publication en juin 2021 d'un document au nom du Conseil de la justice civile intitulé « Compulsory ADR ». Dans le cadre de cette publication, les auteurs ont examiné la jurisprudence sur le sujet, y compris Halsey et l'autorité européenne de Deweer[2]et les affaires ultérieures, y compris Wright[3], Lomax[4], [5]et Rosalba[6]. Leur conclusion est que « l'introduction de nouveaux éléments obligatoires de l'ADR sera à la fois légale et potentiellement un développement extrêmement positif ».

En 2021, le ministère de la Justice a publié un appel à contribution sur la résolution des litiges en Angleterre et au Pays de Galles, puis en juillet 2022, il a publié une consultation sur l'augmentation de l'utilisation de la médiation dans le système de justice civile. Dans sa réponse, il a fait part de son intention de mettre en place un projet pilote de médiation intégrée pour toutes les demandes d'une valeur inférieure à 10 000 livres auprès de la cour de comté dans le cadre de la procédure standard de la partie VII des règles de procédure civile. Ce projet pilote est désormais opérationnel et sera évalué au cours des 6 à 12 prochains mois. Le cas échéant, la médiation intégrée sera déployée à plus grande échelle. Dans le cadre d'une initiative distincte, l'Employment Tribunal

---

[1] voir Halsey v Milton Keynes General NHS Trust [2004] ECWA Civ 576.
[2] c. Belgique [1980] 2 EHRR 439
[3] c. Michael Wright (Supplies) Ltd [2013] C. P. Rep 32
[4] c. Lomax [2019] 1 WLR 6527
[5] c. Whitehad [2020] Bus LR 699
[6] c. Alassini [2010] 3 C. M. L. R. 17

(tribunal du travail) met désormais en place une médiation obligatoire dans toutes les affaires inscrites au rôle pour trois semaines ou plus.

La question de savoir si la médiation peut ou non être obligatoire est l'une des questions les plus importantes dans ce domaine à l'heure actuelle. La question a été examinée récemment par la Cour d'appel dans l'affaire Churchill[7] et, comme nous le verrons ci-dessous, le résultat pourrait avoir un effet significatif sur l'utilisation de la médiation au cours des procédures judiciaires.

La médiation extrajudiciaire

Le Royaume-Uni dispose d'un secteur florissant de médiation non judiciaire. Des organisations privées et des organismes professionnels dispensent une formation approfondie aux médiateurs, établissant des normes et garantissant la qualité par le biais d'une accréditation individuelle. Les médiateurs sont souvent des avocats, mais ce n'est pas obligatoire. Ils obtiennent leur travail par l'intermédiaire des organismes de formation ou de leur propre entreprise de médiation. Les parties sont libres d'engager le médiateur qu'elles souhaitent, souvent en fonction de leurs connaissances et de leur expérience du domaine du litige, et les parties paient des honoraires pour les services du médiateur.

La médiation a souvent lieu bien avant l'ouverture d'une procédure judiciaire, mais elle peut être organisée à tout moment par la suite. Les médiateurs couvrent la plupart des domaines du droit, du droit civil et commercial au droit de la famille et du travail. Les médiations ont parfois un caractère international et les organismes professionnels entretiennent des liens avec leurs homologues étrangers à cette fin.

À l'autre bout de l'échelle, il existe un secteur bénévole sain, qui propose des médiations gratuites ou peu coûteuses dans le cadre de litiges communautaires et familiaux, les médiations sur le lieu de travail étant souvent assurées par les syndicats. La

---

[7] v Merthyr Tydfil CBC [2023] EWCA Civ 1416

pratique de la réparation est également utilisée parfois pour prévenir ou résoudre des conflits dans les écoles, sur les lieux de travail, dans les hôpitaux et dans la communauté au sens large.

Les règles des tribunaux civils encouragent l'ADR

Une grande partie de la médiation non judiciaire est motivée par le fait que, dans les affaires civiles, les parties doivent se conformer aux protocoles de « pré-action » avant d'entamer une procédure judiciaire. Ces protocoles sont annexés aux règles de procédure civile (CPR). Ils prévoient l'échange d'informations suffisantes pour que chaque partie puisse comprendre la position de l'autre, prendre des décisions sur la manière de procéder et tenter de régler le problème sans procédure. Les protocoles exigent des parties qu'elles examinent activement si une forme de règlement alternatif des litiges (ADR) peut contribuer au règlement, en précisant que « le litige doit être un dernier recours ». Les parties qui ne peuvent pas prouver qu'un ADR a été envisagé, qui ne répondent pas aux offres de médiation ou qui refusent la médiation, peuvent être condamnées à payer des frais de justice supplémentaires.

Les tribunaux des affaires familiales

La médiation familiale est largement utilisée pour résoudre tous les types de conflits qui surviennent lors de la rupture d'une relation. Elle peut porter sur des questions financières et patrimoniales, ou sur des litiges concernant des enfants à charge. La médiation vise à améliorer la communication et la compréhension entre les parties et à établir une coopération dans la prise de décision future lorsque des enfants sont concernés. Les médiateurs familiaux sont spécialement formés à ces tâches. Dans les affaires familiales, les parties doivent obligatoirement assister à des réunions d'information et d'évaluation sur la médiation (MIAM) avant de demander l'ouverture d'une procédure judiciaire. Les MIAM sont animées par des médiateurs agréés par le Conseil de la médiation familiale. Les parties éligibles à l'aide juridictionnelle peuvent accéder à ce service gratuitement, mais dans le cas contraire, elles doivent s'acquitter d'une somme modique.

Le 23 mars 2023, le gouvernement britannique a lancé une consultation « qui alimentera les propositions visant à aider davantage de familles, dans les cas appropriés, à se mettre d'accord sur leurs enfants et leurs arrangements financiers sans intervention du tribunal ». L'une des propositions consiste à introduire l'obligation, dans les cas appropriés, pour les parties de faire une tentative raisonnable de médiation avant de saisir le tribunal – sauf en cas de violences domestiques ou de problèmes de protection de l'enfance. Cette proposition a été examinée le 23 juin 2023 par la commission de la justice de la Chambre des communes, qui a testé les arguments du gouvernement auprès de praticiens du droit de la famille et d'autres experts.

Cette proposition s'inscrit dans un contexte de réduction significative de la médiation familiale. Selon la Law Society, les dernières statistiques sur l'aide juridique pour le trimestre se terminant le 30 juin 2023 montrent que la médiation s'est effondrée au cours de la dernière décennie, avec 19 000 évaluations en moins (moins 62 %), 6 000 affaires en moins (moins 46 %) et 4 700 accords réussis en moins (moins 53 %). Ceci alors que le nombre d'affaires privées de droit de la famille impliquant des enfants a atteint 97 098 en 2022-2023, soit une augmentation de 17 % par rapport à 82 818 en 2021-2022.

Les parties peuvent-elles être contraintes à la médiation ?

Une fois la procédure judiciaire engagée, la loi prévoyait jusqu'à très récemment que les parties ne pouvaient pas être contraintes à la médiation (Halsey v Milton Keynes General NHS Trust). Ce principe a toutefois été remis en question dans une affaire entendue par la Cour d'appel en novembre 2023, Churchill[8]. L'affaire devait être entendue en juillet 2023, mais une date d'audience plus tardive a été accordée pour permettre

[8] v Merthyr Tydfil CBC

l'intervention conjointe du Civil Mediation Council, du Chartered Institute of Arbitrators et du Centre of Effective Dispute Resolution. Ils ont fait valoir qu'il était temps de mettre fin au précédent juridique établi par Halsey et d'obliger les parties à recourir à la médiation.

Dans son jugement, Sir Geoffrey Vos, Master of the Rolls, a examiné l'arrêt Halsey et de nombreuses décisions européennes et nationales, et a estimé que « le tribunal peut légalement suspendre la procédure ou ordonner aux parties de s'engager dans un processus de résolution des litiges non judiciaire, à condition que l'ordonnance rendue ne porte pas atteinte à l'essence même du droit du demandeur à une audience judiciaire et qu'elle soit proportionnée à la réalisation de l'objectif légitime de règlement du litige de manière équitable, rapide et à un coût raisonnable ».

Bien qu'il ait refusé d'établir des principes fixes quant aux éléments à prendre en compte pour déterminer s'il y a lieu de suspendre la procédure ou d'ordonner aux parties de s'engager dans un processus de règlement extrajudiciaire des litiges, Sir Geoffrey vous a énuméré de nombreux facteurs qui, avec d'autres, peuvent être pris en compte.

L'arrêt Churchill devrait inciter un plus grand nombre de juges à suspendre les procédures à des fins de règlement extrajudiciaire des litiges, ce qui peut impliquer un élément de contrainte lorsqu'une ou plusieurs parties s'opposent à une procédure de règlement extrajudiciaire des litiges.

Médiation judiciaire

De plus en plus, les cours et tribunaux britanniques proposent aux parties des services de médiation judiciaire, en complément de l'offre du secteur privé. Il y a un fort intérêt à promouvoir la médiation judiciaire, afin de réduire les coûts pour les parties et les cours et tribunaux. Quelques développements récents sont décrits ci-dessous.

Tribunaux civils

Le 25 juillet 2023, le ministère de la Justice a confirmé dans un communiqué de presse qu'il introduirait des réformes visant à rendre obligatoire la médiation pour les petits litiges jusqu'à 10 000 livres sterling. Dans le cadre des réformes proposées, plus de 180 000 parties seront automatiquement orientées vers une session téléphonique gratuite d'une heure avec un médiateur professionnel fourni par His Majesty's Courts and Tribunals Service (HMCTS) avant que leur affaire ne passe à l'étape de l'audience. Le ministère de la Justice espère que cette mesure aura un impact sur 92 000 affaires et permettra de libérer 5 000 jours d'audience.

Chambre des biens du First-tier Tribunal

Le First-tier Tribunal (Property Chamber) traite environ 11 000 affaires liées à la propriété chaque année. En 2022, il a obtenu un financement pour entreprendre la formation interne de nouveaux médiateurs. Au cours des trois premiers mois de 2 023, 36 juges et membres non-juristes ont été formés à la médiation. La Chambre des biens encourage désormais les parties à recourir à la médiation pour leurs litiges immobiliers le plus tôt possible, souvent immédiatement après le dépôt d'une demande. La Chambre cherche également à obtenir davantage de financement pour poursuivre la formation à la médiation.

Tribunaux du travail

Le 7 juillet 2023, le président des tribunaux du travail (Angleterre et Pays de Galles) a publié des orientations présidentielles sur les modes alternatifs de résolution des conflits (ADR), selon lesquelles les tribunaux du travail devraient encourager les parties à résoudre leurs affaires par voie d'accord. Les tribunaux du travail doivent encourager les parties à résoudre leurs litiges par voie d'accord, et ce de l'une des quatre manières suivantes :

- En recourant aux services de l'ACAS, le service de conseil, de conciliation et d'arbitrage (un organisme indépendant) ;
- La médiation judiciaire, qui se concentre sur les affaires inscrites pour une durée de trois jours ou plus, et qui est consensuelle, confidentielle et facilitatrice ;
- L'évaluation judiciaire, qui peut être utilisée pour toute affaire, et qui est consensuelle, confidentielle et évaluative ; et
- Un rendez-vous de résolution des litiges, axé sur les affaires inscrites pour une durée de six jours ou plus, généralement les demandes les plus complexes, qui est non consensuel, confidentiel et évaluatif. Le rendez-vous a généralement lieu par vidéo ou par téléphone, mais il peut aussi avoir lieu en personne. Il dure généralement 2 ou 3 heures. Le juge du travail « utilisera ses compétences et son expérience, sur la base des informations disponibles à ce moment-là, pour donner aux parties une évaluation de leurs chances respectives de succès et des résultats possibles en termes de réparation, tout en restant impartial ».

Les juridictions pénales

Dans le système de justice pénale, la justice réparatrice est un processus qui permet de réunir les victimes d'un crime et les personnes responsables du préjudice, afin de réparer ce préjudice et de trouver une voie positive pour l'avenir. La justice réparatrice peut être utilisée à tous les stades de la procédure pénale et vise généralement un délit de faible gravité. La recherche montre que la justice réparatrice est efficace pour réduire la récidive et améliorer la satisfaction des victimes à l'égard du système de justice pénale.

Selon l'étape à laquelle la justice réparatrice intervient dans le processus de justice pénale, elle sera organisée par la police, la Youth Offending Team, la Community Rehabilitation Company ou le National Probation Service, ou par un prestataire externe.

CHAPITRE IX

LA POLOGNE

Par **Monika WLODARCZYK,**
juge civile au tribunal de district
de Chrzanów, en Pologne.
Vice-présidente de GEMME,
ancienne présidente fondatrice de GEMME-Pologne

La médiation en Pologne : Une tendance croissante dans la résolution de litiges grâce à l'attitude pro médiation des juges

Résumé

La médiation s'est imposée comme une méthode alternative de résolution des conflits en Pologne, gagnant en importance, en particulier dans les affaires civiles, commerciales, familiales et du travail. Cet article se penche sur le développement de la médiation dans le pays, en se concentrant sur ses aspects civils et économiques, en examinant les statistiques de saisine et en explorant l'évolution du rôle des juges dans le processus de médiation.

Introduction

Depuis la mise en œuvre des dispositions de la directive 2008-1952/CE du Parlement européen et du Conseil du 21 mai 2008 sur certains aspects de la médiation en matière civile et commerciale, qui a imposé aux pays de l'Union européenne l'obligation d'assurer un équilibre entre la médiation et les procédures judiciaires, le nombre d'affaires tranchées par la médiation est faible. On cherche encore des moyens d'accroître le recours à cette forme de résolution des litiges. L'une d'entre elles est un modèle de médiation « opt-out » prévoyant une audience préliminaire obligatoire sur la médiation dans certaines catégories d'affaires, avec la possibilité de ne pas recourir à la médiation, comme cela a été fait en Italie, en Grèce et en Lituanie, par exemple, dans les affaires familiales.

La fondation en 2003 de l'Association européenne des juges pour la médiation, GEMME, basée à Paris, a été guidée par l'idée que les juges ont l'autorité nécessaire pour promouvoir la médiation et sensibiliser le public à ce sujet. L'analyse des recommandations de la Commission pour l'efficacité de la justice (CEPEJ)[1], ainsi que la pratique de l'application de l'institution de la médiation et les résultats statistiques, nous permettent d'avancer la thèse selon laquelle, à l'heure actuelle, le rôle de promoteur de la médiation devrait être confié aux juges et aux tribunaux.

La mission du juge est de résoudre les litiges à l'amiable et de renvoyer les affaires à la médiation. Le rôle du juge est sans doute d'aider les parties. En premier lieu, le juge doit, si possible, percevoir la source du conflit qui sous-tend le litige et tenter de réconcilier lui-même les parties ou de les renvoyer à la médiation. La meilleure solution consiste à mettre en place des incitations pour les juges à renvoyer les affaires en médiation (institution d'un juge référent) et à introduire des programmes pilotes de médiation annexés aux tribunaux locaux. Les juges actifs peuvent également être chargés de la médiation (médiation judiciaire), comme cela a été fait en Allemagne, en Finlande, en Suède, au Danemark, en Slovénie, en Croatie, en Autriche, en Hongrie et en Lituanie. La nature obligatoire de la médiation pourrait être comprise comme le fait que la médiation est obligatoire lorsque le juge en décide ainsi et lorsqu'il

[1] https://rm. coe. int/cepej-2019-18-en-mediation-awareness-programme-for-judges/168099330b, https://rm. coe. int/mediation-development-toolkit-ensuring-implementation-of-the-cepej-gui/16808c3f52

renvoie les parties à la médiation, au cas par cas, plutôt que comme une condition pour entamer une procédure judiciaire.

Obligations des juges polonais en matière de promotion de la résolution amiable des litiges

En Pologne, les dispositions du Code de procédure civile, en vigueur depuis le 1er janvier 2016, ont imposé un certain nombre d'obligations aux juges afin de promouvoir l'institution de la médiation et de rechercher une résolution amiable des litiges. Conformément à l'article 10 du Code de procédure civile, dans les cas où le règlement est autorisé, le tribunal s'efforce, à chaque stade de la procédure, de régler celle-ci à l'amiable, notamment en incitant les parties à la médiation.

Selon l'article 223 § 1 du Code de procédure civile, le président du tribunal doit inciter les parties à se réconcilier au moment opportun, en particulier lors de la première réunion, après la clarification initiale des positions des parties. Les modifications du Code de procédure civile, entrées en vigueur le 7 novembre 2019, ont introduit un nouvel outil permettant aux juges de régler les affaires à l'amiable, les audiences dites préparatoires, qui prennent la forme de réunions préliminaires, organisationnelles, calquées sur des solutions étrangères telles que les conférences préliminaires. L'objectif de l'introduction des audiences préparatoires était précisément de permettre aux juges d'inciter encore davantage les parties à transiger. Lors d'une telle séance préparatoire, les parties peuvent négocier et le rôle du juge est d'aider les parties dans la recherche d'un accord et de les assister dans la formulation de propositions de transaction. Le juge jouera un rôle de médiateur en aidant les parties à identifier leurs intérêts et en les incitant à trouver un compromis.

Outre l'obligation de résoudre les litiges à l'amiable, des obligations ont été imposées pour suggérer et recommander la médiation aux parties. Conformément à l'article 183^8 § 4 du Code de procédure civile, le président du tribunal peut convoquer les parties à une réunion d'information sur les modes amiables de résolution des litiges, en particulier la médiation.

Cette réunion peut être conduite par un juge, un greffier, un greffier adjoint, un juge assistant ou un médiateur permanent. Lors de la réunion d'information, les parties peuvent se voir présenter tous les modes de résolution extrajudiciaire des litiges, les principes de leur déroulement et leurs avantages par rapport à la procédure judiciaire. Le juge instruit les parties sur la possibilité de régler le litige à l'amiable, notamment par la médiation (article 210 § 22 du Code de procédure civile). Jusqu'à la clôture de la première session fixée pour le procès, le juge peut renvoyer les parties à la médiation et peut renvoyer les parties à la médiation plus d'une fois au cours de la procédure. Après la clôture de cette audience, le juge ne peut renvoyer les parties à la médiation que sur demande unanime des parties (article 183 § 1 du Code de procédure civile). L'ordonnance renvoyant les parties à la médiation peut être rendue à huis clos. Si les participants à la procédure ne se sont pas mis d'accord sur la personne du médiateur, le tribunal les renvoie à la médiation d'un médiateur permanent.

Les juges polonais peuvent-ils obliger les parties à recourir à la médiation ?

En Pologne, la médiation est entièrement volontaire. La participation à la médiation et à une séance d'information sur la médiation n'est pas une condition pour entamer une procédure judiciaire. Toutefois, pour pouvoir déposer une plainte auprès du tribunal, le plaignant doit indiquer, conformément à l'article 187 § 1 du Code de procédure civile, si les parties ont tenté une médiation ou un autre mode de résolution extrajudiciaire des litiges et, si elles ne l'ont pas fait, expliquer les raisons pour lesquelles elles ne l'ont pas fait. En cas de défaut d'information dans le procès sur la question de savoir si les parties ont tenté une médiation ou d'autres moyens extrajudiciaires de résolution du litige, ou en cas de défaut d'explication des circonstances qui ont empêché de telles tentatives, il devrait être possible pour l'autre partie de soulever l'accusation de dépôt prématuré du procès auprès du tribunal, et le simple défaut de fournir les informations susmentionnées devrait constituer une lacune formelle dans le procès, entraînant le renvoi du procès.

Toutefois, comme le montrent l'exposé des motifs du projet de loi et la jurisprudence des juridictions de droit commun à ce jour, le fait de ne pas indiquer les circonstances susmentionnées n'empêche pas la poursuite de l'action en justice. Toutefois, les avocats plaidants devraient inclure ces informations dans la requête et le juge, en plus de signifier une copie de la requête, devrait interroger les parties sur la possibilité d'un règlement à l'amiable du litige, y compris la présentation des conditions auxquelles une partie serait disposée à transiger.

En effet, selon l'article 13e de la loi sur les frais de justice en matière civile, le droit fixe ou le droit relatif pour un procès est réduit de 2/3 dans les cas où le plaignant a participé à une médiation menée sur la base d'un accord de médiation avant d'intenter une action en justice. Dans le cas d'une médiation menée sur la base d'une ordonnance du tribunal ordonnant aux parties de recourir à la médiation, la médiation est menée au cours de l'affaire avec le consentement des parties. La médiation n'a pas lieu si une partie, dans un délai de 1 semaine à compter de la date de l'annonce ou de la remise de l'ordonnance enjoignant aux parties de recourir à la médiation, n'a pas consenti à la médiation.

Indépendamment de l'issue de l'affaire, le tribunal peut imposer à la partie le remboursement des frais occasionnés par son comportement peu scrupuleux ou manifestement abusif résultant de son refus manifestement injustifié de se soumettre à la médiation (article 103, paragraphes 1 et 2, du Code de procédure civile). Indépendamment du résultat de l'affaire, le tribunal peut imposer à une partie l'obligation de rembourser les frais dans une proportion supérieure à celle indiquée par le résultat de l'affaire, ou même de rembourser les frais dans leur intégralité si les parties, au cours de la procédure, ne se sont pas présentées à la séance de médiation alors qu'elles avaient préalablement accepté la médiation (article 103, paragraphe 3, du Code de procédure civile).

Les dispositions susmentionnées ne permettent pas de considérer que la médiation est obligatoire pour les parties. Les parties peuvent refuser de participer à la médiation ou s'en retirer à tout moment de la procédure. Il n'y a pas non plus d'obligation pour les parties de motiver leur refus de participer à la médiation. Le refus de se soumettre à la médiation ne s'applique que lorsque, après avoir préalablement accepté la médiation, une partie retire son consentement à la médiation et ne se présente pas à la séance de médiation. Contrairement au droit italien, cette disposition ne prévoit pas la possibilité d'imposer le remboursement des frais à la partie qui obtient gain de cause en cas de refus de participer à la médiation en raison de la conviction de son droit. Toutefois, le refus d'une partie de se soumettre à la médiation sera chaque fois analysé par le tribunal statuant sur les frais de procédure, et il pourra considérer l'attitude de la partie comme déloyale, sans principes, incorrecte, coupable, contraire aux bonnes mœurs, et estimer que le refus était manifestement injustifié et la partie devra supporter les conséquences financières de cette décision. Des sanctions, sous forme de frais de justice, peuvent être imposées à la partie si elle ne se présente pas à la séance de médiation après avoir été dûment convoquée, et dans la situation où elle se présente, mais refuse d'y participer.

Outils de promotion de la médiation pour les juges polonais

En 2014, l'Association européenne des juges pour la médiation, GEMME, a coordonné le projet « Mediation meets Judges » (MmJ)[2] en coopération avec l'Association des chambres de commerce et d'industrie européennes, EUROCHAMBERS, les chambres de commerce et les centres de médiation dans sept États membres de l'Union européenne : Belgique, Bulgarie, Chypre, France, Irlande, Italie et Espagne. Il visait à promouvoir la médiation dans les affaires civiles et commerciales et à augmenter le nombre de renvois à la médiation par les juges dans ces pays en formant davantage les juges à la médiation et en leur fournissant des outils pratiques qu'ils peuvent utiliser lorsqu'ils renvoient des parties à la

[2] www. mediationmeetsjudges. euvc

médiation. L'objectif du projet était de mettre en place des programmes pilotes de médiation judiciaire dans treize régions européennes : Andalousie, Barcelone, Bordeaux, Bruxelles, Dublin, Madrid, Marseille, Milan, Monza, Nicosie, Paris, Rennes et Sofia. L'objectif des partenaires du projet était de créer de nouvelles opportunités pour renforcer la coopération entre les juges et les médiateurs et leur permettre d'échanger des expériences et des informations, ce qui devrait contribuer à une augmentation du recours à la médiation et aux résultats escomptés en matière de renvoi des affaires à la médiation par les juges. Il a été souligné que dans de nombreux pays, les juges sont obligés d'inciter les parties à recourir à la médiation et de la recommander aux parties, mais malgré cela, ils ne profitent pas de cette opportunité. L'absence de cadre juridique permettant aux juges d'encourager la promotion de la médiation a été notée. Il a été souligné que le manque de coopération entre les juges et les médiateurs et l'incapacité d'une partie à obtenir des informations claires sur la médiation sont des obstacles au développement de la médiation.

Le projet a développé les documents suivants pour aider le juge à renvoyer des affaires à la médiation et les parties à décider de résoudre leur litige par la médiation : boîte à outils pour le juge sur la manière de renvoyer efficacement une affaire à la médiation, diagnostic d'affaire pour le juge développé sous la forme d'un tableau de questions, modèle de lettre pour le juge pour informer les parties sur la médiation, modèle de questionnaire pour les parties pour les aider à déterminer si leur affaire se prête à la médiation.

La section polonaise de GEMME, inspirée par les documents susmentionnés, a développé sa propre adaptation au droit polonais sur cette base et recommande aux juges polonais d'utiliser ces documents[3] :

a) Un diagnostic de cas pour les juges — un outil pour évaluer la pertinence des litiges pour la médiation. Lors de l'analyse d'une affaire, le juge doit répondre à la question de savoir si le recours à la médiation est souhaitable à un stade donné de la procédure et examiner

[3] https://polska. gemmeeurope. org/wzory-dokumentow

ce que l'on appelle le « potentiel de médiation » de l'affaire ;

b) Une lettre sur la médiation adressée par le juge aux parties et aux avocats — une telle lettre devrait s'adresser directement à la partie et poser la question suivante : « Avez-vous essayé de résoudre le conflit par la médiation ? », puis expliquer de manière compréhensible ce qu'est la médiation, pourquoi il vaut la peine de l'essayer et comment l'entamer. La lettre indiquerait que le juge, après avoir examiné attentivement l'action en justice, est parvenu à la conclusion que le différend entre les parties est mieux résolu par la médiation, et que c'est cette forme de résolution des conflits qu'il suggère en premier lieu. La dernière phrase de la lettre, dans laquelle une partie au procès reçoit un message clair selon lequel le tribunal et le juge qui a renvoyé à la médiation soutiennent la résolution des litiges par la médiation, est également pertinente. Cette lettre est signée par le juge lui-même, ce qui donne aux parties l'assurance que le juge les a traitées individuellement, qu'il s'est adressé à elles directement et que, ayant autorité, il leur a suggéré la meilleure méthode pour résoudre leur litige. La lettre peut contenir des informations sur la possibilité de demander une exonération des frais de la procédure de médiation et doit être accompagnée d'une demande d'exonération des frais. Il est important que la partie visée par la lettre sache ce qu'elle doit faire, c'est-à-dire que si elle n'accepte pas la médiation, elle dispose d'une semaine pour adresser une lettre au tribunal l'informant de son désaccord. En revanche, si elle accepte la médiation, elle doit contacter le médiateur dans les plus brefs délais au numéro de téléphone indiqué dans la lettre. Il convient également de préciser que le médiateur est également à la disposition des parties, au numéro de téléphone indiqué, pour répondre à leurs préoccupations et à leurs questions. La lettre doit avoir une présentation claire, de préférence si elle comporte une photo de la salle de médiation, par exemple, un simple message amical et une brochure sur la médiation. Si une partie est représentée par un avocat, la lettre est envoyée à la fois à la partie et à l'avocat. Elle commence par les mots suivants « Chère Madame, cher Monsieur, le juge, après avoir examiné le procès, est arrivé à la conclusion que le conflit de votre client est mieux résolu par la médiation ». La lettre présente les principes de la médiation, des informations sur les coûts, puis décrit le rôle de l'avocat dans la médiation.

c) Questionnaire, qui aidera les parties au conflit à déterminer si la médiation est un moyen approprié de résoudre le litige. Si plus de la moitié des réponses sont OUI, la médiation est justifiée. Le questionnaire est accompagné d'une clé qui permet de comprendre en profondeur les questions et l'essence de la médiation.

Formation à la médiation pour les juges et le personnel des tribunaux

Confier aux juges le rôle de promoteurs de la médiation nécessite une formation spécialisée.

Un document de la Commission pour l'efficacité de la justice (CEPEJ) — « Programme de sensibilisation à la médiation pour les juges assurant l'efficacité de la saisine judiciaire de la médiation »[4] a été créé avec le soutien de l'Association européenne des juges pour la médiation, GEMME — EUROPE, et a été adopté les 5 et 6 décembre 2019, lors de la 33e réunion plénière de la Commission pour l'efficacité de la justice (CEPEJ) à Strasbourg. Il fournit des lignes directrices sur le programme et les thèmes de la formation des juges à la médiation et aux compétences dites « douces ». Elle souligne que les juges jouent un rôle clé dans la promotion d'une culture de la résolution amiable des conflits. Ils doivent fournir aux parties des informations sur la médiation, organiser des séances d'information sur la médiation, encourager les parties à recourir à la médiation et, le cas échéant, orienter les parties vers la

---

[4] https://rm. coe. int/cepej-2019-18-en-mediation-awareness-programme-for-judges/168099330b

médiation. Pour ce faire, ils ont besoin de connaissances, ainsi que d'une compréhension du processus et des avantages de la médiation. L'objectif de ce document était de sensibiliser les juges à la médiation dans les affaires civiles, familiales, pénales et administratives. Cela étant dit, l'objectif n'était pas de donner aux juges le rôle de médiateur, mais d'accroître les compétences des juges et de les sensibiliser à la manière de renvoyer efficacement des affaires à la médiation.

En Pologne, l'unité centrale responsable de la formation des juges, procureurs et autres personnels judiciaires est l'École nationale de la magistrature et du ministère public, basée à Cracovie. En coopération avec le Réseau européen de formation judiciaire (REFJ), elle offre, depuis de nombreuses années, aux juges polonais la possibilité de participer à des échanges spécialisés de courte durée dans le domaine de la médiation. Dans le cadre du stage, qui dure cinq jours, le juge a l'occasion de se familiariser avec le système juridique du pays choisi, y compris le système de médiation judiciaire. Le juge participe à des séances de médiation menées par des juges médiateurs et peut se familiariser avec le système de renvoi des affaires à la médiation par les juges. Des stages de médiation sont proposés dans les pays suivants : Allemagne, Finlande, Pays-Bas, Bulgarie.

L'École nationale de la magistrature et du parquet, en collaboration avec le REFJ et l'Académie européenne de droit de Trèves, offre également la possibilité de participer à des formations et séminaires spécialisés en médiation, y compris pour les juges administratifs. Le groupe de travail CEPEJ-GT-MED, dans une « feuille de route » élaborée sur la base du rapport « L'impact des lignes directrices de la CEPEJ sur la médiation civile, familiale, pénale et administrative »[5] a souligné que sans une sensibilisation obligatoire des juges à la médiation et sans une formation pour les juges principalement pendant leur formation judiciaire ainsi que pendant leurs premières années en tant que juges, le nombre d'affaires soumises à la médiation restera invariablement faible par

---

[5] https://rm. coe. int/report-on-the-impact-of-cepej-guidelines-on-civil-family-penal-nd-admi/16808c400e

rapport au nombre considérable de procédures judiciaires. Il a été souligné que les statistiques sur les renvois à la médiation ne changeront pas si elles ne s'accompagnent pas d'une formation adéquate des avocats à la médiation et d'un changement de leurs attitudes et habitudes concernant la conduite des litiges — du combat au tribunal à la gestion habile du conflit et au conseil aux clients sur la manière la plus optimale de résoudre le litige du point de vue du temps, du coût et du maintien des contacts futurs avec les plaideurs adverses.

En 2022, la section polonaise de GEMME[6] avec la fondation polonaise ProMediation et ProWellness Foundation avec le siège à Suwałki[7], Pologne et en collaboration avec la fondation américaine Weinstein International Foundation basée à San Francisco[8] a lancé une formation spéciale pour les juges sur la conciliation et la médiation avec des éléments de pleine conscience. La première édition a été organisée du 5 au 7 octobre à Pabianice (près de Varsovie). La première édition a été organisée du 5 au 7 octobre à Pabianice (près de Varsovie). 46 juges de différents circuits judiciaires ont participé à la formation et se sont révélés être des leaders dans le renvoi d'affaires à la médiation pour 2020-2021. La deuxième édition a eu lieu près de Cracovie du 1er au 4 octobre 2023 et était un projet international pour 46 juges polonais et 15 juges ukrainiens. Au cours des deux éditions, les juges — leaders en médiation ont participé à la formation de plusieurs jours qui a fourni des connaissances et des compétences à la fois sur les renvois à la médiation et les techniques de médiation utilisées par les médiateurs pour aider les parties à régler leurs différends. Ils ont ensuite eu l'occasion de mettre leurs compétences en pratique lors de séances de médiation fictives. En outre, les participants ont appris les éléments de la pleine conscience dans le travail d'un juge.

Les participants ont également appris les éléments de la pleine conscience dans le travail d'un juge, et ont pratiqué le

---

[6] https://polska. gemmeeurope. org/

[7] https://promediation-foundation. org/prowellness/

[8] https://weinsteininternational. org/training-in-mediation-for-judges-from-poland-and-ukraine/

yoga matinal et des exercices de relaxation, y compris des pratiques de respiration. La formation n'a pas seulement fourni aux juges des outils pratiques pour la médiation, elle leur a aussi insufflé un sentiment de confiance et d'autonomisation. Les stagiaires possèdent désormais les compétences nécessaires pour gérer des conflits complexes et faciliter un dialogue constructif entre les parties. En adoptant la médiation et la conciliation, ces juges ouvrent la voie à un système judiciaire plus harmonieux et plus efficace en Pologne et en Ukraine. Cette formation a sans aucun doute laissé un impact durable sur les stagiaires, leurs tribunaux et les communautés qu'ils servent. L'expertise des formateurs, combinée à l'enthousiasme et au dévouement des stagiaires, a suscité une évolution positive vers des méthodes alternatives de résolution des conflits dans les tribunaux polonais et ukrainiens. Après la formation, les responsables de la médiation devaient retourner dans leurs tribunaux et dispenser une formation sur les compétences acquises lors de la formation à un minimum de 10 juges. Inspiré par la formation, le projet de la section polonaise de GEMME « Juges pour les juges sur la médiation » a été créé. Les juges affiliés à l'association se rendent dans des tribunaux sélectionnés où les juges ne font pas ou peu appel à la médiation et partagent leurs connaissances et leur expérience avec leurs collègues[9]. Cette initiative devrait contribuer à inspirer les juges et à augmenter le nombre de recours à la médiation en Pologne.

Coûts de la médiation en Pologne

En Pologne, il n'y a pas de médiation gratuite possible sur saisine d'un juge. Les honoraires et les frais du médiateur sont à la charge des deux parties et, à partir d'août 2019, le médiateur percevra d'abord les sommes directement des parties. Les médiateurs qui ne souhaitent pas être payés par les parties peuvent déposer une requête auprès du tribunal, qui leur accordera ces honoraires et leur ordonnera ensuite, dans le jugement final, de les percevoir auprès des parties.

---

[9] https://polska. gemmeeurope. org/sedziowie-sedziom-o-mediacji

En vertu des amendements à la loi sur l'aide juridique gratuite et l'éducation juridique et de certaines autres lois, modifiant la loi du 5 août 2015 sur l'aide juridique gratuite, le conseil civique gratuit et l'éducation juridique, à partir du 1er janvier 2020, il y a une possibilité de médiation gratuite en Pologne, mais cela ne s'applique pas aux cas dans lesquels c'est le tribunal qui a pris la décision de renvoyer l'affaire à la médiation. La gratuité est offerte aux parties : fourniture d'informations sur la médiation, ses avantages, ses bénéfices, préparation d'un projet d'accord de médiation ou d'une demande de médiation ou de procédure de médiation dans une affaire pénale, conduite de la médiation elle-même, assistance à la rédaction d'une demande au tribunal pour l'approbation d'un accord conclu devant un médiateur.

En Europe, la médiation « fonctionne » grâce aux juges et aux saisines des juges, il serait donc rationnel que l'État finance au moins une heure de médiation gratuite pour les parties, mais précisément celles qui ont été saisies par un juge. Actuellement, dans le cas d'une médiation sur une saisine du juge, il reste à la partie renvoyée à la médiation de déposer une demande d'exonération des frais de médiation. Si cette demande est acceptée par le tribunal, celui-ci accorde des honoraires au médiateur, à moins que les autres parties n'aient payé le médiateur en totalité. D'autre part, en Pologne, comme dans d'autres pays de l'Union européenne, des incitations financières ont été créées pour le recours à la médiation, consistant en un remboursement des frais de justice pour un procès si les parties concluent un accord devant un médiateur. Si cela se produit avant le début de l'audience devant le tribunal de première instance, la totalité des frais de justice pour le procès est remboursée, et si les parties concluent un accord pendant la procédure judiciaire, après le début de l'audience, ¾ des frais de justice payés pour le procès sont remboursés.

Un coordinateur de la médiation dans chaque tribunal régional polonais et des salles de médiation (appelées « salles vertes ») dans tous les tribunaux.

En Pologne, il existe un coordinateur de la médiation au sein du tribunal régional, qui mène des activités de développement de la médiation, assure une communication efficace entre les juges, les médiateurs et les médiateurs permanents, et coopère à l'organisation de réunions d'information dans les tribunaux. Il accomplit également ces tâches dans les tribunaux de district relevant de la compétence du tribunal régional concerné. Il est nommé par le président du tribunal régional, par ordonnance, parmi les juges du tribunal régional. Afin d'uniformiser les pratiques de médiation et de partager les expériences, des réunions des coordinateurs de médiation sont organisées avec les membres de l'équipe de médiation du département de la stratégie et des fonds européens du ministère de la Justice.

Des salles de médiation dans les tribunaux ont été mises en place en Pologne depuis 2019. La salle de médiation offre la possibilité : de renvoyer des affaires à la médiation directement à partir de l'audience (pendant une pause de l'audience et pendant l'ajournement de l'audience), de renvoyer des affaires à la médiation à huis clos, tout en indiquant que la médiation peut avoir lieu dans la salle de médiation du tribunal ; de profiter des services de garde des médiateurs et d'obtenir des informations sur la médiation par les parties.

Attitude des avocats polonais à l'égard de la médiation

Tous les pays qui ont introduit l'utilisation de la médiation dans une plus large mesure ont rencontré un problème lié aux avocats des parties, ou plutôt à leur résistance ou à leur manque de volonté de coopérer à la diffusion de l'idée de la médiation. L'expérience des pays de l'Union européenne montre qu'il est nécessaire d'obliger les avocats à informer les parties sur la médiation. Cela devrait se faire par écrit. Il serait nécessaire d'expliquer aux clients ce qu'est la médiation, comment elle fonctionne, et de comparer les coûts de la médiation et de la procédure judiciaire. Le client serait tenu de signer les informations fournies par l'avocat. Un tel document, signé par les parties, devrait être joint à l'action en justice, et son absence serait considérée comme une lacune formelle dans l'action en justice.

L'absence de ce document serait considérée comme une lacune formelle dans le procès. La participation active des avocats à la médiation devrait être encouragée par les juges eux-mêmes. Il est important que le juge insiste sur l'obésité des parties (en cas de renvoi à la médiation depuis la salle d'audience) et sur le rôle important de l'avocat dans le processus de médiation, en soulignant aux clients que l'avocat sera vigilant dans la protection de leurs intérêts au cours du processus de médiation et aidera à formuler correctement les termes du règlement, et, si la médiation échoue, continuera à représenter les parties dans le processus judiciaire. Il est important de rappeler que seuls la coopération entre les avocats et les juges, une compréhension mutuelle de leurs rôles et un effort commun pour promouvoir la médiation peuvent accroître l'efficacité du renvoi des affaires à la médiation par les juges. En Pologne, il n'y a actuellement aucune obligation pour les avocats d'informer sur la médiation. Au début de l'année 2020, le Conseil suprême du barreau et la Chambre des conseillers juridiques du district ont annoncé qu'un amendement aux codes de déontologie des avocats et des conseillers juridiques allait être proposé, stipulant qu'il sera du devoir de l'avocat d'informer le client de toutes les possibilités de résolution de l'affaire, y compris la médiation. Nous touchons ici à l'essence même du rôle du juge et de l'avocat de première instance dans la promotion de la médiation, à savoir aider les parties à résoudre leur conflit rapidement, à moindre coût et sans stress.

La médiation judiciaire en Pologne

En Pologne, les dispositions du Code de procédure civile ne prévoient pas que les juges en activité puissent être médiateurs. La loi permet aux juges à la retraite de servir de médiateurs. En même temps, seuls quelques juges à la retraite figurent sur toutes les listes de médiateurs permanents tenues par les présidents des tribunaux régionaux en Pologne. Outre les juges à la retraite, les médiateurs peuvent également être des employés des tribunaux : juges adjoints, greffiers, personnel de secrétariat (sauf dans les affaires pénales et les affaires de mineurs).

Statistiques sur la médiation

L'élément crucial influençant le développement de la médiation est la tenue de statistiques pertinentes visant à normaliser les pratiques de médiation. Dans certains pays de l'Union européenne, des unités spéciales ont été créées pour collecter des données, obtenir un retour d'information et maintenir le contact avec la communauté des ADR afin d'assurer une bonne coopération, un échange de vues et l'introduction de mesures visant à développer la médiation. Leur rôle est également de compiler des statistiques sur la médiation. Comme nous l'avons vu, les statistiques sur la médiation sont établies sur la base de différents critères et prennent en compte d'autres facteurs.

Dans toute l'Europe, il est difficile d'obtenir des statistiques uniformes et complètes sur la médiation. Les pays du Conseil de l'Europe adoptent des critères différents pour la tenue de ces statistiques. Le nombre de médiations menées au cours des dernières années est analysé. Ensuite, toutes les médiations réalisées sont analysées en fonction de l'objet de la procédure (litiges entre voisins, droits de propriété, partages de biens, successions, baux, contrats de prêt, faute médicale, diffamation par les médias, contrats d'assurance, financiers et bancaires), puis le taux de réussite dans chaque catégorie d'affaires est analysé. Une analyse de la médiation opt-out et de la médiation par renvoi judiciaire est effectuée séparément. Le taux de réussite de la médiation est évalué en fonction du fait que les parties ont été orientées vers la médiation par un juge ou en raison d'une obligation légale. La médiation est analysée d'un point de vue économique (la valeur du litige indiquée dans chaque cas de médiation), ainsi que la durée de la médiation.

En Pologne, en 2020, la Division de la gestion statistique de l'information du Département de la stratégie et des fonds européens du Ministère de la Justice a publié des statistiques très détaillées sur la médiation en Pologne « Mediation proceedings in light of statistical data district and district courts in 2006-2019 9 th Edition » : [10]

[10] L'étude a été réalisée par Matthew Bettin, spécialiste en chef de la division de l'information statistique du département de l'information de gestion, sous

	2013	2014	2015	2016	2017	2018	2019
Taux de médiation — le pourcentage d'affaires soumises à la médiation par rapport à l'ensemble des affaires portées devant les tribunaux dans lesquelles la médiation peut être utilisée.	0,5 %	0,5 %	0,7 %	0,9 %	1,09 %	1,07 %	1,25 %
Indicateur d'efficacité de la médiation	28,69 %	28,69 %	24,30 %	21,76 %	32,36 %	26,45 %	26,61 %
Taux de règlement des affaires civiles en médiation	26,80 %	32,88 %	33,39 %	32,47 %	34,21 %	32,25 %	34,57 %

L'analyse des statistiques révèle une tendance à la hausse du nombre d'affaires soumises à la médiation par décision de justice. Si l'on compare 2 013 à 2 019, ce nombre a doublé. En 2013, 13 370 affaires ont été renvoyées et en 2019, 30 828 affaires ont été renvoyées. Le nombre de règlements par voie de médiation à la suite d'une saisine par un juge a également augmenté. En 2013, 663 règlements ont été conclus dans des affaires civiles et en 2019, 2 916 règlements ont été conclus. Sur les 30 828 affaires renvoyées à la médiation en 2019, 23 225 ont été renvoyées à la médiation par des juges de district et 7 586 par des juges de tribunal régional. En 2021, le taux de médiation s'élève désormais à 1,6 %.

Les statistiques montrent également que la médiation fonctionne localement en Pologne, dans des centres sélectionnés qui rassemblent un groupe de personnes passionnées par la médiation, où des formations à la médiation sont organisées, où les juges ont pu se familiariser avec l'institution de la médiation lors de séjours à l'étranger, et dans des centres qui rassemblent un groupe de médiateurs qualifiés. Il apparaît aujourd'hui nécessaire que les juges des centres où la médiation est déjà fortement utilisée partagent leurs connaissances et leur

---

la direction de Justyna Kowalczyk, chef de département, voir : www. isws. gov. pl/publikacje.

expérience pratique avec les juges des tribunaux où la médiation n'est pas du tout renvoyée, où la médiation n'a pas « fait son chemin ». Dans les tribunaux où le nombre de renvois est faible, il devrait y avoir une formation obligatoire à la médiation, conformément aux recommandations de la Commission pour l'efficacité de la justice (CEPEJ). Il semble nécessaire de compiler des statistiques dans un tribunal donné et de les partager sur les sites web des tribunaux, de les distribuer aux juges par l'intermédiaire des coordinateurs de médiation dans les tribunaux régionaux. L'objectif de ces statistiques devrait être d'inspirer d'autres juges qui, en voyant les résultats obtenus dans d'autres tribunaux sur la base de données spécifiques, décideront de soumettre leurs affaires à la médiation plus souvent.

Conclusion

L'implication des juges dans le processus de médiation est une caractéristique distinctive du paysage polonais de la médiation. Les juges sont de plus en plus encouragés à suivre une formation spécialisée en conciliation et en médiation, ce qui leur permet d'acquérir les compétences nécessaires pour résoudre efficacement les litiges. En outre, le système juridique polonais a mis en place des mesures incitant les parties à s'engager dans la médiation avant de recourir à la procédure judiciaire. Les tribunaux ont le pouvoir d'encourager les parties à explorer la médiation et, dans certains cas, la participation à la médiation peut conduire à une réduction des frais de justice ou d'autres avantages procéduraux. Cette approche proactive du pouvoir judiciaire reflète un engagement plus large visant à alléger la charge du système judiciaire et à favoriser une culture de résolution alternative des litiges.

Une culture de règlement alternatif des litiges. Si la croissance de la médiation en Pologne est louable, des défis persistent. La sensibilisation aux avantages de la médiation doit être davantage diffusée parmi le public et les praticiens du droit. En outre, la qualité des services de médiation et le maintien d'un pool de médiateurs qualifiés et accrédités sont des aspects cruciaux pour un développement durable. L'avenir de la médiation en Pologne semble prometteur. L'intégration de la médiation dans le système juridique, associée au rôle actif du pouvoir judiciaire, jette des bases solides pour une croissance continue. Au fur et à mesure que la médiation devient une partie intégrante du paysage de la résolution des conflits, la Pologne est susceptible d'être témoin d'innovations dans les processus de médiation et d'une collaboration accrue entre les juges et les professionnels du droit. Lorsque les deux groupes professionnels susmentionnés seront convaincus de l'utilité de la médiation et en feront la promotion, il se peut que dans vingt ans, la médiation devienne une pratique courante en Pologne.

Nous aurons peut-être dans vingt ans une société comme celle des États-Unis d'Amérique qui, selon les mots de la juge Sandra Day O'Conor, lorsqu'elle est impliquée dans un conflit, utilisera d'abord la médiation elle-même[11]. En revanche, ils reconnaîtront le tribunal comme le lieu où ils peuvent renvoyer leur affaire pour résolution seulement après avoir utilisé d'autres méthodes non judiciaires pour résoudre leur différend, y compris la médiation.

---

[11] Les tribunaux de ce pays ne devraient pas être le lieu où commence la résolution des litiges. Ils devraient être le lieu où les litiges prennent fin, après que d'autres méthodes de résolution ont été envisagées et essayées.

CHAPITRE X

L'IRLANDE

Par **Paul GILLIGAN,**
juge à la retraite de la Cour d'appel d'Irlande,
ancien vice-président de GEMME EUROPE,
ancien président et membre fondateur de la branche irlandaise de GEMME, Membre actuel du comité de la branche irlandaise de GEMME, ancien président du Réseau européen des Conseils de la Justice — Bruxelles, ancien membre élu du Conseil de l'Institut européen du droit – Vienne, Médiation — membre du Chartered Institute of Arbitrators de Londres, exerce actuellement la profession de médiateur commercial en Irlande.

La médiation est bien vivante et se porte très bien en Irlande.

Nous disposons d'un certain nombre d'organisations de médiation de premier plan, dont chacune compte un grand nombre de membres et participe activement à la promotion de la médiation.

La branche irlandaise de GEMME a constitué un groupe prospère de membres actuels et retraités de la magistrature et compte également des membres associés.

En 2017, le gouvernement irlandais a promulgué la loi sur la médiation (Mediation Act 2017) qui prévoit des règles juridiques régissant les aspects nombreux et variés de la médiation en Irlande

L'objectif principal de la loi est d'établir un cadre statutaire destiné à promouvoir la résolution des litiges par la médiation en tant qu'alternative viable, efficace et rentable aux procédures judiciaires,

Il est reconnu depuis longtemps que les litiges peuvent être lents, coûteux et imprévisibles. Par conséquent, la loi sur la médiation et son contenu constituent un pas très important pour faire de la médiation une alternative acceptable aux procédures judiciaires.

En Irlande, il existe à ce jour très peu de cas de médiation obligatoire,

Un juge n'a pas le pouvoir de forcer les parties à entrer en médiation, bien que les avocats impliqués aient le devoir de conseiller leurs clients sur les avantages de la médiation par rapport à un litige en cours.

Il est intéressant de noter qu'à plusieurs reprises, dans le cadre d'une médiation commerciale, les parties ont découvert qu'il y avait en fait un malentendu commercial, ce qui a conduit à la résolution du litige.

Si la médiation n'a pas de base légale/statutaire dans votre pays, il sera intéressant d'examiner les dispositions du Mediation Act 2017. Irish Statute Book. ie 2017

CHAPITRE XI

LA SUISSE

Par **Jean A. MIRIMANOFF**,
médiateur assermenté (depuis 2005),
président de la commission de surveillance des professions de la santé (ministère de la Santé, Genève, 2018-2023),
conseil pour la médiation de l'État de Genève (DSPS, 2019-2022),
membre du CEPEJ GT MED (Strasbourg, 2017-2019),
magistrat honoraire, titulaire du brevet d'avocat,
ancien conseiller juridique au CICR,
cofondateur du GEMME-Suisse.

Interview de Jean A. MIRIMANOFF. Remarque liminaire pour la Suisse

Tant le droit que la pratique en Suisse distinguent nettement la conciliation et la médiation. La conciliation est généralement désignée comme un processus informel et confidentiel par lequel un tiers indépendant, neutre et impartial amène les parties à la solution de leur litige, ou leur en propose une de son cru. La médiation est généralement désignée comme un processus structuré et confidentiel par lequel un tiers indépendant, neutre et multipartial facilite la communication entre les parties afin de leur permettre de trouver elles-mêmes une solution à leur conflit.

1. Pouvez-vous nous faire un survol historique de la médiation/conciliation dans votre pays ?

La Suisse connaît presque tous les modes amiables de prévention et de résolution des différends, à des degrés d'utilisation et de développement très variables selon les pratiques et usages des cantons, les matières (civile, pénale, majeurs/mineurs, administrative), et le cadre législatif (fédéral ou cantonal avec 26 cantons et demi-cantons).

D'emblée c'est la conciliation judiciaire en matière civile qui se détache par trois aspects :

- Par son ancienneté : la plupart des cantons ont adopté l'essai préalable obligatoire ou facultatif de conciliation en matière civile sous l'influence de la France (Constitution de 1790), depuis deux siècles
- Par son extension au juge du fond, qui peut ou doit (divorce) la pratiquer en tout temps, en 1re et en 2e instance, sans même avoir à se déporter en cas d'échec,
- Par son indéniable succès dans tous les cantons, avec des taux de conciliation de l'ordre de 30 % à Genève, 60 % à Berne, 70 % à Zurich et 90 % à Bâle-Ville.

La médiation privée/conventionnelle est apparue il y a plus de 30 ans en Suisse romande (francophone), la médiation judiciaire il y a plus de 20 ans dans l'ordre juridique cantonal (Genève) et plus de 10 ans dans l'ordre juridique fédéral.

Parmi les pays membres du Conseil de l'Europe, la Suisse se situe probablement parmi les tout premiers pour la conciliation judiciaire en matière civile, mais inversement encore parmi les derniers pour la médiation judiciaire (avec deux notables exceptions : la médiation pénale des mineurs en Suisse romande et dans le domaine de la santé à Genève).

2. Quel est l'état de la législation nationale actuelle (texte de loi ou projet de loi et dans quelle matière) ?

Autant la conciliation judiciaire est bien documentée et fait l'objet de statistiques disponibles dans les rapports d'activité des tribunaux cantonaux, autant ce n'est généralement pas le cas pour la médiation judiciaire, y compris dans les cantons où elle a été introduite depuis deux décennies comme à Genève (sauf pour la médiation pénale des mineurs). Les sources sont essentiellement les résultats des enquêtes menées en 2019 globalement et dans des tribunaux civils de 1re instance des six cantons de Suisse romande (voir le site de la CEPEJ).

A. En matière civile, la conciliation préalable et celle conduite par le juge du fond ont été unifiées avec le nouveau Code fédéral de procédure civile (CPC), entré en vigueur le 1er octobre 2011. La médiation judiciaire, déléguée par le juge à un tiers, possible en matière civile à tous les stades de la procédure, est entrée dans l'ordre juridique cantonal à Genève le 1er janvier. 2005 et ensuite dans le CPC aux côtés de la conciliation, à laquelle elle peut se substituer si toutes les parties le demandent (art 213 al 1 CPC). Le message qui présente le CPC (2 006 686 FF) et sa systématique indique que « le règlement à l'amiable des litiges à la priorité », ce qui constitue un changement de paradigme important à maint égard :

i. La procédure civile, plus précisément le procès, ne doit donc intervenir qu'en dernier recours, seulement si les parties ne peuvent pas elles-mêmes ou avec l'aide d'un tiers trouver une solution consensuelle : le procès civil est donc devenu, dans les textes, l'alternatif aux modes amiables, conciliation ou médiation.

ii. Pour la médiation, le juge se dessaisit du dossier lorsque les parties y consentent ou le lui demandent, sans aucune prise possible ni sur le déroulement ou la durée du processus, ni sur le choix du tiers, ni sur son mode de fonctionner ou de se rémunérer, les parties étant libres d'organiser le processus comme elles l'entendent (art 217 CPC).

iii. La conciliation est obligatoire dans un nombre important de domaines civils (art 197 à 199 CPC) et peut être remplacée par la médiation à la demande de toutes les parties (art 213 al 1 CPC), tandis que le juge ne peut dans les autres cas que conseiller les parties de procéder à une médiation (art 214 CPC) ou exhorter les parents à la tenter (art 297 CPC). La médiation n'est jamais imposée.

Dans la pratique, il faut admettre que plus de dix ans après l'entrée en vigueur du CPC, l'orientation des dossiers civils en médiation ne représente moins de 1 % du contentieux civil, tous cantons confondus, ce qu'a mis en lumière une enquête menée de concert avec les autorités judiciaires des six cantons romands auprès de (s) tribunaux civils de 1re instance (disponible sur le site de la CEPEJ).

Individuellement, il est cependant avéré que quelques magistrats orientent en médiation autour du 10 % de leur contentieux civil, lorsque et parce qu'ils ont eux-mêmes acquis une formation ou tout au moins une sensibilisation à la médiation.

La frilosité des magistrats et des avocats envers la médiation découle de plusieurs facteurs :

Principalement de leur manque de préparation au changement de paradigme signalé ci-dessus, que la sensibilisation selon les Programmes de la CEPEJ pour les magistrats et les avocats permettrait de combler, si ce n'est que ces mêmes magistrats, avocats et leurs Autorités rechignent pour l'instant à se servir de ces outils préparés à Strasbourg pourtant par les leurs et à leur intention, de plus avec le soutien du GEMME et de la CBE.

a) De l'indigence rédactionnelle du CPC en matière de médiation, les articles étant abstraits, imprécis et peu contraignants pour les juges.
b) De la confusion qu'entretient encore cette méconnaissance de la médiation chez nombre de magistrats et d'avocats qui pensent à tort que conciliation et médiation sont d'un usage identique ou comparable (par une analyse sommaire de l'art 213 CPC) alors qu'en Suisse il s'agit de processus distincts par leur nature, leur objectif, et leurs méthodes respectifs.
c) De la méconnaissance, voire encore de la réticence de nombre d'avocats à s'adapter au changement, pour des raisons économiques découlant de leur ignorance des

avantages que peut procurer ce nouveau créneau, non seulement à leur client, mais à eux-mêmes.

d) Enfin de la méconnaissance du public, encore peu ou mal informé jusqu'à présent tant par le secteur public que par le secteur privé.

B. En matière pénale (droit des majeurs), le nouveau Code de procédure pénal unifié (CPP) a introduit la conciliation seulement dans les cas de délits sur plainte (Art 316 al 1 CPP), et a refusé d'introduire la médiation qui avait été préalablement déjà introduite dans l'ordre juridique cantonal de Genève et de Fribourg. Ceux-ci ont cependant pu conserver leur législation, la médiation restant, elle aussi, limitée aux délits sur plainte.

Quoi qu'il en soit, la pratique de la conciliation et de la médiation au pénal dans le quotidien de la vie judiciaire est confidentielle dans les deux sens du terme à Genève, faute de formation et surtout faute d'intérêt d'une majorité de magistrats et d'avocats. Théoriquement, rien n'empêcherait d'autres cantons de légiférer plus tard, avec les limites imposées par le droit fédéral.

C. En matière pénale (droit des mineurs), la procédure pénale de mineurs prévoit la conciliation seulement dans les cas de délits sur plainte (art 16 lets a PPMin) et la médiation — également de manière limitée — (art 17 PPMin). Si la pratique de la conciliation est confidentielle, celle de la médiation des mineurs est sans doute celle qui fonctionne le mieux globalement, en Suisse romande. Une enquête déjà ancienne (2013) révèle que selon les cantons le taux de cas orientés en médiation s'échelonne entre 3 et 7 % des procédures, ce qui n'est pas rien vu les restrictions légales à son emploi.

D. En matière administrative, l'introduction de la médiation dépend largement de la compétence des cantons, dont les législations et pratiques ne font pas l'objet d'une publication les regroupant sur le plan national. Il semblerait qu'elle fonctionne bien dans certains cantons, comme en Argovie. Elle ne doit pas être confondue avec les offices d'ombud's, qui sont en réalité des défenseurs des droits dont les tâches spécifiques sont très différentes de celles de médiateurs, même si le nom de médiateurs est donné parfois aux défenseurs des droits (secteur public) et aux tiers de confiance (secteur privé).

E. La médiation dans le domaine de la santé a été introduite dans certains cantons. À Genève, le législateur l'a confiée dès 2006 à la commission de surveillance des professionnels de la santé, ce qui limite considérablement sa portée.

D'une part la médiation est restreinte aux plaintes contre un professionnel ou une institution de la santé (soit environ la moitié du contentieux, l'autre moitié étant constituée de dénonciations), d'autre part sont exclus les cas dans lesquels l'intérêt supérieur de la santé publique exige une instruction, et enfin les dossiers sont traités lors du dépôt des plaintes sans la présence des parties, de sorte que les propositions de médiation par le bureau de la commission se font par lettre, et non directement.

Malgré ces trois handicaps, le taux de renvois effectifs en médiation s'est échelonné de 2 019 à 2 022 entre 8,6 % et 15, 1 %, soit le plus élevé de Suisse, tous domaines et tous cantons confondus. Cela tient à deux facteurs : dès 2018 d'une part la loi prévoit que lorsque le cas s'y prête, le bureau ou les sous-commissions sont tenus de la proposer aux parties, d'autre part la personne du président est formée en médiation et les membres du bureau ont reçu une sensibilisation.

D'une manière générale, ainsi que l'a constaté et recommandé le Conseil de l'Europe dans maintes résolutions et la CEPEJ dans ses Lignes directrices, la sensibilisation obligatoire initiale et continue des juges et des avocat-e-s à la médiation permettra, en Suisse comme ailleurs, à la médiation judiciaire de sortir de sa situation de stagnation actuelle. Dix ans après l'entrée en vigueur du CPC, on en est encore loin, malgré des expériences pilotes cantonales (voir plus bas) et des initiatives novatrices et répétées de plusieurs parlements cantonaux, dont le Grand Conseil de Genève. Ce dernier vient d'adopter une nouvelle loi générale sur la médiation le 27 janvier 2023 en application de l'art 120 de la constitution du canton qui précise que « L'État encourage la médiation et les autres modes extrajudiciaires de résolution de litiges », étant précisé que cette disposition découle directement d'une initiative du GEMME-Suisse et d'autres associations auprès de l'Assemblée constituante en 2009.

3. Pouvez-vous nous parler de la pratique judiciaire ?

A. Le rôle des magistrats

i. Comme médiateurs ou conciliateurs

Les juges exercent toujours eux-mêmes la conciliation judiciaire, et donc ne la délèguent jamais à des tiers. Inversement les juges n'exercent jamais eux-mêmes la médiation, et donc la délèguent/l'orientent toujours vers des tiers. Cela vaut pour les matières civiles, pénales et administratives.

Comment les juges concilient-ils en Suisse en matière civile ? Ils ne sont pas liés par les conclusions des parties (art 201 al 1 CPC). Leur approche peut être tantôt évaluative et traditionnelle (fondée sur les conclusions/positions des parties), tantôt non évaluative (fondée sur les intérêts des parties).

Au vu de leur succès déjà signalé, on peut affirmer que le désir de concilier fait partie de l'ADN du juge civil suisse.

Comment les juges proposent-ils la médiation ? Ils doivent en théorie être capables de maîtriser les trois étapes typiques pour la médiation confiée à un tiers (extrajudiciaire) :

- Identifier les situations qui s'y prêtent,
- Informer les parties sur le processus et
- Conseiller les parties ou exhorter les parents de tenter une médiation.

Bien évidemment, une sensibilisation adéquate à la médiation, comme celle figurant dans le Programme de la CEPEJ, leur permettra d'être efficaces, car aujourd'hui une grande majorité des juges ne sont pas encore en mesure de procéder ainsi.

ii. La question doit être reformulée de manière à bien distinguer entre l'obligation éventuelle faite aux juges de concilier ou proposer la médiation et l'obligation éventuelle faite aux parties d'accepter l'une et l'autre de ces propositions

L'essai préalable de conciliation en matière civile dans les situations visées à l'art 198 CPC est obligatoire, tant pour le juge que pour les parties, de même, selon la jurisprudence, que lors de la première audience devant le juge pour les parents dans les situations de divorce avec enfants (ATF 138 lll 366). Dans les autres cas, il est difficile au juge de refuser la demande de concilier émanant des parties, de même qu'il est difficile aux parties de s'opposer à la proposition du juge de tenter de les concilier.

Pour la proposition de médiation émanant du juge, il est acquis qu'elle est soumise au consentement de toutes les parties qui ne peuvent être contraintes de participer au processus. En revanche, les parents peuvent être exhortés à tenter une médiation, ce qui peut conduire en pratique le juge à les obliger à se rendre à une séance d'information sur la médiation.

La question de savoir si le juge est tenu au moins d'informer les parties sur la médiation dans les cas qui s'y prêtent est controversée.

Le libellé des dispositions pertinentes du CPC : le tribunal peut conseiller en tout temps aux parties de procéder à une médiation (art 214 al 1) et le tribunal peut exhorter les parents à tenter une médiation (art 297 al 2 CPC) ne correspond pas à l'injonction figurant dans le message du Conseil fédéral selon lequel « le règlement à l'amiable a la priorité ». Dans la pratique, la grande majorité des juges estiment que cette information est laissée à leur libre appréciation, d'autres estimant que leur libre appréciation porte sur la question de savoir si une situation se prête ou non à la médiation. Tout récemment, la loi genevoise sur la médiation du 27. 01. 2023 a modifié la loi d'organisation judiciaire (art 67 LOJ) en disposant clairement que :

« 1. Dans toutes les situations qui leur paraissent se prêter à la médiation, les magistrats encouragent les parties à tenter une médiation et invitent ces dernières à s'adresser au bureau de médiation tel qu'institué par… la loi sur la médiation.

2. Ils facilitent le cas échéant le libre passage de la procédure au processus de médiation. »

Ainsi les juges civils ne peuvent plus continuer désormais à ignorer la médiation, par convenance organisationnelle ou par conviction personnelle. Pour éviter à cet article de devenir comme d'autres une coquille vide, il devrait être accompagné par la sensibilisation des juges, selon le Programme de la CEPEJ et du GEMME.

iii. Quelle est l'autorité du juge prescripteur de médiation (information, désignation du médiateur, homologation de l'accord)

Le magistrat prescripteur de la médiation en matière civile, outre le devoir d'informer ou d'encourager les parties à tenter la médiation, comme précisé ci-dessus, n'a qu'un « pouvoir » de délégation/orientation, car « Les parties se chargent de l'organisation et du déroulement de la médiation (art 217 CPC) ».

Il peut éventuellement donner aux parties des noms de médiateurs agréés ou assermentés, ou les diriger vers une permanence de médiation, mais il n'intervient en aucune manière que ce soit dans le processus, y compris la durée. Il suspend la procédure civile lorsqu'un accord d'engagement en médiation a été conclu (art 214 al 3 CPC). Si les parties le requièrent, il peut ratifier leur accord de règlement de la médiation (art 217 CPC). Une telle ratification est nécessaire en cas de divorce, avec un contrôle du juge sur le contenu de l'accord, qui doit être clair, complet et conforme au droit impératif (art 279 CPC).

iv. Le juge saisi de l'affaire peut-il agir comme médiateur\conciliateur. À quelles conditions ?

Le juge civil conciliateur peut être le juge du fond et n'est pas tenu de se déporter si sa tentative de conciliation échoue. Il doit en pratique se garder de deux écueils : le risque de préjuger et la tentation de faire pression sur les parties. Il s'exposerait, le cas échéant, à une demande de récusation.

Le juge civil n'est jamais le médiateur des parties dans le système de médiation extrajudiciaire (confiée à un tiers) adopté par le CPC.

B. Le rôle des avocats

- **Proposent-ils la médiation/conciliation ?** Les avocats peuvent proposer une conciliation ou une médiation avant comme en cours de procès, et ce, en tout temps, en 1re et en 2e instance, ce qui se produit souvent pour la conciliation, rarement encore pour la médiation (voir Q d ci-dessous).
- **Accompagnent-ils leurs clients aux réunions de médiation/conciliation ?** Bien entendu, les avocats sont toujours présents aux côtés de leurs clients en cas de conciliation, privée ou judiciaire. Généralement, ils assistent aussi leurs clients dans le processus de médiation, car le tiers médiateur ne peut conseiller les parties sur un point de droit (principe de neutralité oblige).
- **Rédigent-ils les accords issus de médiation/conciliation ?** Oui, c'est bien le rôle d'avocats de rédiger l'accord final et non celui du tiers médiateur, même si celui-ci est juriste. Les avocats participent auparavant aux négociations sur les options, puis veillent au renforcement éventuel de l'accord (par homologation par ou acte authentique) et à sa bonne exécution.
- **Que pensent-ils de la médiation ou de la conciliation ?** Comme indiqué, la conciliation est profondément ancrée dans la culture judiciaire en Suisse, et donc également appréciée de la plupart des avocats. La médiation commence seulement son entrée timide dans la pratique des avocats, dont beaucoup n'ont pas encore saisi les avantages qu'elle représente aussi pour leurs Études/Cabinets. L'essor de la médiation au sein du barreau dépend beaucoup de l'enseignement en gestion

des conflits (ou ADR) donné dans les Facultés de droit ou dans les Écoles d'avocature. Plusieurs universités l'ont introduite depuis une décennie dans leur enseignement, mais rarement de manière obligatoire (ce qui est le cas à Genève depuis 2011 avec l'École d'Avocature, ECAV). La sensibilisation continue des avocats en matière de gestion des conflits reste préoccupante, quand on constate par exemple que celle organisée à Genève n'est suivie chaque année que par une douzaine d'avocats, soit moins de 1 % du barreau.

C. Principaux domaines d'application de la médiation//conciliation (famille, commerce, travail, pénal, autres)

Pour la conciliation tous les domaines civils comme précisé ci-dessus. Elle remporte un succès net quant au taux des affaires ainsi résolues, en particulier dans les conflits en matière familiale, de baux et loyers et de travail, dans ces derniers cas avec la participation active des assesseurs laïcs représentants les milieux intéressés (de bailleurs et locataires/d'employeur et travailleurs).

La médiation privée/conventionnelle et judiciaire se manifeste en matière familiale, successorale, du travail, commerciale.

D. Connaissez-vous des contentieux ou difficultés réelles nés des accords de médiation (difficulté d'exécution ou d'interprétation) ? Si oui, lesquels ?

Des difficultés en matière civile se présentent au stade de la ratification par le tribunal lorsque de tels accords contiennent des clauses juridiquement inexécutables, mais essentielles pour les parties, clauses que les juges refusent de ratifier (par exemple une garde alternée sur le chien du couple).

De plus, il y a encore des divergences de pratiques à ce sujet parmi les juges, y compris dans la même juridiction.

E. Les juges médiateurs/conciliateurs doivent-ils recevoir une formation spécifique en résolution de conflits. Quelle en est la durée et par qui est-elle administrée ?

Aucune formation n'est requise pour les juges pour concilier, ce qui n'a pas d'impact négatif.

Aucune sensibilisation non plus pour proposer la médiation, ce que l'on ne peut que regretter au vu de la situation de stagnation de la médiation judiciaire et des recommandations dans ce sens de la CEPEJ à cet égard, restées lettres mortes depuis plus d'une décennie en Suisse.

Les outils de la CEPEJ élaborés entre 2017 et 2019 pour le monde judiciaire ont été diffusés en Suisse romande et l'on peut espérer que les milieux intéressés tels GEMME-Suisse et les Associations de médiations contribueront à encourager leur utilisation plus large, plus systématique et plus régulière.

F. Les médiateurs (agissant en référé) doivent-ils recevoir une formation spécifique en résolution de conflits. Quelle en est la durée et par qui est-elle administrée ?

Tous les médiateurs affiliés aux grandes associations faîtières (Fédération Suisse de Médiation ; Chambre suisse de médiation commerciale ; Association des médiateurs familiaux) doivent justifier pour être accrédités par elles ou assermentés par les institutions cantonales (pour plusieurs cantons romands : Genève, Fribourg et Vaud) de 200 heures de formation initiale comportant des ateliers, exerçices pratiques, cours, stages auprès d'un confrère ou une consœur, etc. De plus, ils doivent justifier devant ces associations d'une formation continue, ceci tous les trois ans, pour pouvoir obtenir la confirmation de leur accréditation. Les exigences de la Fédération suisse des avocats sont moins élevées, ce qui pourrait poser problème.

Le nombre de médiateurs accrédités s'élève à plus d'un millier de personnes en Suisse, ce qui est largement suffisant au vu de la faible demande et de la modestie du développement de la médiation judiciaire.

Ce qui fait défaut, surtout, pour l'essor de la médiation en Suisse, c'est la sensibilisation initiale et continue à la médiation des juges et des avocats, qui leur permettrait d'utiliser plus souvent et à bon escient la médiation dans le quotidien de leur pratique judiciaire.

G. Quelles sont pour la prochaine décennie les perspectives de développement de la conciliation et de la médiation dans votre pays ?

i. Pour la conciliation :

De plus en plus se présentent sur le marché, en Suisse comme ailleurs, des formations spécialisées, notamment en communication active et bienveillante et en négociation raisonnée (sur intérêts). Les juges suisses, civils essentiellement, soucieux de mieux servir les intérêts de leurs justiciables qui prendront l'initiative de suivre de telles formations auront avec ces nouveaux acquis la possibilité d'éviter les deux écueils qui guettent le juge du fond conciliateur. D'une part le risque de préjuger et d'autre part la tentation de faire pression sur les parties, écueils pouvant entraîner soit leur récusation, soit un sentiment d'insatisfaction chez les parties en conflit. Ainsi est-il permis de penser que de nouveaux sommets pourront être gravis en matière de conciliation.

ii. Pour la médiation :

Les expériences pilotes qui sont en train de se dérouler sous nos yeux, dans le canton de Vaud depuis quelques années déjà, ont un effet indéniable d'attraction. Ce dernier se déploie actuellement dans les cantons du Valais et de Genève (où un projet accompagné d'une loi est budgété pour cinq ans), tandis que l'expérience pilote du canton de Bâle-Ville exerce à son tour un effet d'attraction dans le canton de Berne, et sans doute bientôt ailleurs.

Il n'est donc pas déraisonnable de penser que toutes ces expériences vont au fil du temps, d'ajustement en ajustement, et surtout d'évaluation en évaluation (par exemple avec les listes de la CEPEJ), faire prendre conscience aux autorités judiciaires de nos cantons que la sensibilisation à la médiation, initiale et continue des juges civils (dans un premier temps) est le passage incontournable et obligé pour progresser, c. -à-d. pour ouvrir l'accès effectif à la médiation à l'ensemble des justiciables dans toutes les situations qui s'y prêtent. De même pour les membres du barreau. En utilisant à l'occasion de ces sensibilisations à la médiation les outils préparés à cet effet par la CEPEJ pour le monde judiciaire, les autorités judiciaires de nos cantons y contribueront.

Ces autorités mettront fin du même coup à la situation actuelle de loterie judiciaire pour accéder à la médiation : par le fait du hasard des attributions des dossiers civils, suivant que le juge sur lequel « tombent » les parties est ou non sensibilisé à la médiation, ces parties sont renseignées ou non sur la médiation, y ont accès ou non. Alors prendra fin cette situation à la fois contraire aux principes d'égalité des parties devant la loi, de la qualité et de l'efficacité de la justice selon la CEPEJ et à l'esprit du CPC. Sous cet angle, la situation actuelle est de nature à porter atteinte à l'image de la Justice.

Enfin, la collaboration tripartite que ces expériences occasionnent entre la magistrature, le barreau et la médiature, fera prendre conscience avec le temps à leurs membres de leur responsabilité commune à mieux informer le public sur les avantages comme sur les limites de la médiation, en particulier par des journées portes ouvertes au sein des enceintes judiciaires, manifestations qui tendent à se multiplier.

Bibliographie choisie :

- Dictionnaire de la médiation et d'autres modes amiables, Bruylant, Bruxelles, 2 019 (avec des références en droit comparé pour la Belgique, la France et la Suisse), préfacé par Ramin GURBANOV, président de la CEPEJ (Strasbourg).
- La Résolution amiable des différends en Suisse. Interactions entre procédures traditionnelles et modes amiables, éd. Staempfli, Berne, 2016, préfacé par le Bâtonier Elie ELKAÏM (Vaud).
- Médiation et Jeunesse. Mineurs et médiations familiales, scolaires et pénales, Larcier, Bruxelles, 2 013 (avec des

références aux pratiques dans plus de douze États francophones), préfacé par Jean ZERMATTEN, président de la Commission des droits de l'enfant de l'ONU.

- La Médiation dans l'ordre juridique suisse. Une justice durable à l'aube du troisième millénaire, éd. Helbing, Bâle 2011, préfacé par le Professeur Giorgio MALINVERNI, juge à la CEDH (Strasbourg).
- En préparation : Genève et la médiation. Essor des modes amiables de prévention et de résolution des différends et d'autres approches de pacification sociale, Slatkine, 2 023, préfacé par Mauro POGGIA, président du Conseil d'État de Genève.

PARTIE II

LA MÉDIATION FAMILIALE ET LA MÉDIATION FAMILIALE INTERNATIONALE

CHAPITRE I

REGARDS CROISÉS D'UNE MAGISTRATE ET D'UNE AVOCATE SUR LA MÉDIATION ET LE DÉVELOPPEMENT DES MODES AMIABLES EN MATIÈRE FAMILIALE

Par **Anne GONGORA**,
présidente de chambre honoraire, référente médiation du pôle famille de la cour d'appel de Paris, secrétaire générale de GEMME

Et **Barbara RÉGENT**,
avocate, médiatrice, cofondatrice et présidente des associations Les Avocats de la Paix et Humanéthic, cofondatrice de l'association Les Elles du Business pour la promotion de l'entrepreneuriat féminin.

Barbara Régent : B. R.
Anne Gongora : A. G.

B. R. : Pendant très longtemps, les litiges en droit de la famille se résolvaient quasi exclusivement de manière contentieuse. Les parties subissaient souvent des années de procédure pour leur divorce, puis la liquidation de leur régime matrimonial. Les avocats, les magistrats, les parties baignaient dans cette culture du contentieux et ne pensaient pas, ne savaient pas que d'autres voies étaient possibles qui pourraient leur éviter des années de souffrance.

Peu à peu, grâce à des esprits éclairés, à l'investissement de professionnels convaincus et convaincants, les modes alternatifs de règlement des différends se sont développés.

Désormais, le droit incite (et il va prochainement le faire plus massivement encore) les familles à rechercher, seule ou avec l'aide de leur avocat, des solutions amiables pour régler leurs différends dans des conditions respectueuses de l'intérêt de l'enfant et conformes à l'intérêt de chacune des parties.

Un certain nombre d'outils sont ainsi à leur disposition et notamment la médiation.

A. G. : Si la médiation s'est ainsi développée sous différentes formes (désignation d'un médiateur familial, injonction de médiation, tentative de médiation familiale préalable obligatoire [TMFPO] médiation post -sentencielle), il n'en reste pas moins que malgré une meilleure formation des avocats et des magistrats, l'existence des listes de médiateurs auprès des cours d'appel et la création toute récente du Conseil national de la médiation, elle est encore très insuffisamment développée en pratique faute de statistiques fiables, de temps pour les magistrats et les greffes pour la proposer et l'accompagner, de crainte des avocats de la proposer et de reconnaissance de son impact sur la qualité de la décision rendue et la paix sociale.

B. R. : Alors, comment développer une véritable culture de l'amiable au sein de l'institution judiciaire, auprès des professionnels et du public pour que la recherche d'un consensus familial à la française devienne une alternative plus systématique au contentieux ?

Malgré des textes ayant pour but de développer les modes amiables de règlement des différends et des pratiques locales innovantes pour les mettre en œuvre, le développement de la médiation familiale est encore insuffisant et reste fragile.

De nouveaux outils et une nouvelle manière de travailler doivent permettre son développement.

1. Des textes permettent le développement des MARD sauf dans le cas de violences alléguées par l'un des parents sur l'autre parent ou d'emprise manifeste de l'un des parents sur l'autre

A. G. avant, pendant et après la procédure judiciaire devant le juge aux affaires familiales :

a) La TMFPO : Hors divorce ou après divorce, la tentative de médiation familiale préalable obligatoire (TMFPO) a été instaurée par la loi n° 2016-1547 du 18 novembre 2016 de modernisation de la justice du XXIe siècle, pour une durée de trois ans à compter de sa promulgation, dans 11 juridictions (Bayonne, Bordeaux, Cherbourg, Évry, Nantes, Nîmes, Montpellier, Pontoise, Rennes, Saint-Denis et Tours). Cette expérimentation a été prorogée jusqu'au 31 décembre 2024 par la loi de finances 2022 pour 2 023, afin de mieux en apprécier les effets.

La tentative de médiation familiale préalable obligatoire (TMFPO) consiste à faire précéder certaines demandes d'une tentative de médiation familiale, à peine d'irrecevabilité que le juge peut soulever d'office. Il s'agit des demandes qui tendent à faire modifier une précédente décision du juge aux affaires familiales ou une disposition insérée dans une convention homologuée par le juge, qui portent sur la résidence habituelle des enfants, le droit de visite et d'hébergement, la contribution à l'éducation et à l'entretien des enfants et les décisions relatives à l'exercice de l'autorité parentale.

L'objectif de cette expérimentation est d'établir ou de renouer un dialogue entre les parents, d'apaiser la situation et de recentrer le juge sur son cœur de métier, à savoir trancher les litiges. Toutefois, cette tentative de médiation préalable ne peut être rendue obligatoire dans toutes les hypothèses, cette obligation devant, par exemple, être impérativement écartée en cas de violences ou d'emprise manifeste de l'un des parents sur l'autre.

Cette procédure aboutit à la rédaction de quelques accords, ce qui peut sembler insuffisant, mais surtout elle permet de pacifier les relations entre les parties et de leur faire connaître la médiation, ce qui a souvent des effets à long terme.

B. R. :

b) Pourtant, on peut estimer que la grande majorité des contentieux familiaux (hors violence et cas particuliers) peut être résolue amiablement, notamment grâce à l'intervention d'un médiateur.

Dans l'intérêt des enfants, pour leur éviter de se retrouver pris au piège d'un conflit de loyauté qui peut avoir des conséquences dramatiques, il est indispensable de rétablir le dialogue entre leurs parents.

Le ou les médiateurs (dans l'hypothèse d'un processus de comédiation qui peut être très efficace en matière familiale) peuvent être choisis par parents, avec ou non l'aide de leur avocat, soit dans une structure privée soit dans une structure conventionnée (ce qui permet grâce au barème établi par la Caisse nationale d'allocations familiales et le ministère de la Justice une tarification des séances de médiation en fonction des revenus des parties).

On peut encore souligner qu'en matière de divorce, la loi du 23 mars 2019 prévoit que la demande introductive d'instance comporte le rappel des dispositions relatives à la médiation en matière familiale, à la procédure participative et à l'homologation des accords partiels ou complets des parties sur les modalités d'exercice de l'autorité parentale et les conséquences du divorce.

A. G. : Dans le cadre des divorces contentieux et des litiges concernant l'exercice de l'autorité parentale, le juge aux affaires familiales peut prescrire certaines mesures pour aider les parties à organiser à l'amiable les effets de leur rupture.

– Afin de rétablir un lien entre les époux, le juge peut leur proposer une mesure de médiation et, avec leur accord, désigner un médiateur familial.
– Il peut aussi enjoindre aux parties de rencontrer un médiateur familial, uniquement aux fins d'information sur l'objet et le déroulement de la médiation.

Une médiation notariale (éventuellement une co-médiation avocat-notaire ou médiateur-notaire) peut également être très utile pour aboutir à des accords concernant la liquidation du régime matrimonial.

À la cour d'appel de Paris, un médiateur de permanence (médiateur privé ou médiateur appartenant à une association conventionnée) est présent aux audiences des chambres des affaires familiales pour recevoir immédiatement les parties et leurs avocats et les informer sur le processus de médiation.

c) La médiation post-sentencielle introduite par la loi du 23 mars 2019 :

L'article 373-2-10 du Code civil prévoit qu'à l'effet de faciliter la recherche par les parents d'un exercice consensuel de l'autorité parentale, le juge peut leur proposer une mesure de médiation, sauf si des violences sont alléguées par l'un des parents sur l'autre parent ou sur l'enfant ou sauf emprise manifeste de l'un des parents sur l'autre parent, et, après avoir recueilli leur accord, désigner un médiateur familial pour y procéder y compris dans la décision statuant définitivement sur les modalités d'exercice de l'autorité parentale.

Il peut de même, sauf en cas de violences alléguées et d'emprise manifeste, leur enjoindre de rencontrer un médiateur familial qui les informera sur l'objet et le déroulement de cette mesure.

Cette médiation post-sentencielle permet aux parents d'améliorer leur dialogue après la fin de la procédure dans l'intérêt des enfants. Elle a notamment pour but d'éviter une nouvelle saisine du juge à bref délai en les responsabilisant et en les accompagnants dans la recherche d'accords.

La médiation proposée par le juge des enfants dans le cadre de l'assistance éducative :

La loi du 7 février 2022 a ajouté un article 375-4-1 au Code civil qui dispose désormais que :

Lorsque le juge des enfants ordonne une mesure d'assistance éducative en application des articles 375-2 à 375-4, il peut proposer aux parents une mesure de médiation familiale, sauf si des violences sur l'autre parent ou sur l'enfant sont alléguées par l'un des parents ou sauf emprise manifeste de l'un des parents sur l'autre parent, et, après avoir recueilli leur accord, désigner un médiateur familial pour y procéder, dans des conditions définies par décret en Conseil d'État.

Dans le cas où le juge propose une mesure de médiation familiale en application du premier alinéa du présent article, il informe également les parents des mesures dont ils peuvent bénéficier au titre des articles L. 222-2 à L. 222-4-2 et L. 222-5-3 du Code de l'action sociale et des familles.

Ce texte récent démontre la volonté du législateur de promouvoir la paix sociale et le dialogue dans un domaine particulièrement délicat puisque le juge des enfants est compétent pour statuer quand un mineur est en situation de danger.

À la cour d'appel de Paris, un médiateur est présent à l'audience de la Chambre spéciale des mineurs statuant en matière d'assistance éducative (procédure orale d'appel des décisions rendues par les juges des enfants) pour recevoir immédiatement les parties et leurs avocats et les informer sur la médiation.

Cette expérimentation commencée il y a quelques mois a déjà donné des résultats positifs.

2. Un recours à la médiation et plus généralement aux MARD qui demeure actuellement encore insuffisant

B. R. : Le recours aux MARD en matière familiale est encore trop peu utilisé par rapport aux besoins exprimés par les citoyens d'une justice plus rapide, plus humaine, plus efficace. Il s'explique par :

- La culture du contentieux dans laquelle des générations d'étudiants sont formées tant à l'université que dans les écoles d'avocats ou de magistrats, à la différence des pays anglo-saxons. Il serait souhaitable, par exemple, que les écoles d'avocats en France forment de manière équivalente tant à l'art de la plaidoirie qu'à celui de la négociation et de la médiation.
- La méfiance, et j'oserai dire la crainte des avocats à l'égard de la médiation, dont ils connaissent encore trop peu le fonctionnement, d'un règlement amiable trop facile ou rapide qui ne leur permettrait pas de réaliser leur chiffre d'affaires dans un univers très concurrentiel. Cet

obstacle n'en est pas un lorsque l'on sait que le temps d'accompagnement aux modes amiables est tout autant facturable que celui des modes contentieux.

- Le manque de formation des acteurs de justice (magistrats, greffe, avocats). Il est impératif que les avocats se forment par exemple à l'accompagnement en médiation pour optimiser leurs compétences et leur offre auprès de leurs clients.
- Le temps que demande la mise en place des MARD qui est un processus qualitatif nécessitant un partenariat dans le respect de la profession de chacun (avocats, magistrats, greffe, médiateurs…).
- L'absence de statistiques fiables et de prise en compte de la qualité de la décision obtenue après un mode amiable.

A. G. : Des pratiques locales pour développer la médiation familiale ont été mises en place dans différents tribunaux et cours d'appel :

- Double convocation permettant une rencontre avec le médiateur qui informe les parties sur l'objet et le déroulement de la médiation avant l'audience devant le juge aux affaires familiales
- Injonction de médiation et ordonnance de médiation judiciaire pendant la procédure de première instance et d'appel
- Organisation de la présence à l'audience d'un médiateur susceptible de recevoir immédiatement les parties et leurs avocats pour une information sur l'objet et le déroulement de la médiation.

Ces pratiques, dont le but est d'offrir un service public de qualité aux justiciables, sont fragiles. Elles peuvent ne pas s'inscrire dans la durée en raison de changements de magistrats et de fonctionnaires du greffe, de difficultés de fonctionnement des services des affaires familiales et des juges des enfants.

3. Comment développer la culture de l'amiable ?

B. R. Les pratiques des magistrats et des avocats doivent évoluer. Cette évolution sera possible grâce à la formation professionnelle, mais également par la nécessité de gagner en qualité d'exercice.

Pratiquer l'amiable dans l'intérêt des familles a un effet vertueux sur les professionnels dont les conditions de travail sont bien meilleures : beaucoup moins de délais impératifs et sanctionnant, meilleures relations entre confrères, entre professionnels, moins de rédaction d'écritures, plus d'écritures désobligeantes, en résumé, des conditions d'exercice beaucoup moins stressantes.

La chancellerie a lancé la politique de l'amiable. Différentes réformes sont en cours, ajoutant de nouveaux outils à ceux existant, en simplifiant l'usage.

La famille doit être une cause nationale, car elle est la garante d'une société qui se porte mieux. Ainsi, la reprise du dialogue, lorsqu'elle est possible (hors violences intra familiales et emprise) doit être au cœur de l'action de tous les professionnels du droit.

En conclusion

A. G. : Nous pouvons l'une et l'autre vous dire que c'est par nos échanges avocats-magistrats-médiateurs, notre travail commun et l'intelligence collective que nous réussirons à apporter des solutions plus protectrices et respectueuses des individus.

Il est urgent de sortir d'un schéma contentieux qui fait souffrir les familles, notamment les enfants, et qui laisse perdurer des conflits pendant plusieurs générations par manque d'écoute, de compréhension des problèmes et de réflexion. Lorsque les familles nous sollicitent, c'est qu'elles cherchent de l'aide pour résoudre des difficultés qu'elles ne peuvent traiter elles-mêmes.

Nous devons leur apporter une réponse appropriée, la moins aléatoire et risquée possible, la plus pérenne, la plus paisible, la plus solide.

B. R. : L'objectif commun des magistrats, des personnels des greffes, des avocats, des médiateurs est d'œuvrer à la paix sociale qui est l'essence même de la justice.

Il faut utiliser les compétences de chacun pour y parvenir, car nous devons être plus que solidaires pour redonner confiance en la justice du 21e siècle.

Les accords construits par les parties avec l'aide de leurs avocats dans le cadre des MARD sont durables à la différence des solutions contentieuses qui entraînent souvent des saisines à répétition.

Le travail du juge et celui de l'avocat prennent encore plus de sens quand ils participent à la pacification des rapports familiaux et à la protection de l'intérêt des enfants.

A. G. : Le Groupement européen des magistrats pour la médiation (GEMME) œuvre depuis 20 ans pour développer la culture de l'amiable et favoriser dans la concertation l'évolution des pratiques professionnelles des magistrats et des auxiliaires de justice.

B. R. : Aujourd'hui, il peut aussi compter sur l'aide de l'association DES AVOCATS DE LA PAIX qui œuvre auprès des confrères, des instances et du public pour cette indispensable pacification des rapports de droit.

CHAPITRE II

LA MÉDIATION FAMILIALE INTERNATIONALE

Par **Danièle GANANCIA**,
magistrate honoraire, médiatrice familiale diplômée d'État

Dans les conflits de parents binationaux où l'enfant est pris en otage par-delà les frontières, la violence extrême des situations et l'impuissance des solutions judiciaires font de la médiation l'unique chance de pacification du conflit, et donc du maintien des liens de l'enfant à ses deux parents.

La médiation familiale internationale nécessite des méthodes particulières d'intervention et des compétences spécifiques du médiateur, adaptées à la distance géographique, à la violence des rapports de force des parents, à la psychologie d'un enfant amputé d'un parent, et surtout à l'impuissance des solutions judiciaires, dans la complexité du droit international et des systèmes juridiques des États.

Le tableau joint fait comprendre comment on passe de ces différents « maux des conflits familiaux » aux « mots-clés de la médiation », qui par sa vertu de dialogue et ses méthodes apporte des solutions adaptées aux divers aspects du terrain international.

Dans ce contexte, l'accord en médiation est alors susceptible d'apporter plus de sécurité que la seule justice.

La médiation familiale internationale, enjeu d'ordre public, nécessite la mobilisation de tous les acteurs judiciaires, Autorités centrales, Magistrats et Avocats, pour que la médiation, sous-utilisée aujourd'hui, devienne le mode premier et préalable de règlement de ces conflits.

Les Maux clés des conflits familiaux internationaux	**Les Mots-clés de la médiation**
La distance géographique - Elle renforce la violence psychologique de l'enlèvement - Aggrave la coupure des liens avec l'enfant - Place le parent étranger « hors de portée » de la médiation	• Possibilité de maintenir les liens de l'enfant à ses 2 parents malgré la distance • Nécessité d'un processus de médiation à distance : Médiation indirecte « en navette », par téléphone, mail, whatsApp, visioconférence • Entretiens séparés, préalable nécessaire à la rencontre de médiation (nécessaire et dernière étape) • Relation de confiance établie à distance entre le médiateur et chaque parent : regain de dignité et empowerment
La violence psychologique et les rapports de force - la peur, la méfiance absolue, - les rapports de force : de fait ou de droit	1) Nécessité d'étapes préalables de négociation sur l'entrée en médiation pour substituer un rapport de communication aux rapports de force. 2) Favoriser l'expression des émotions, la reconnaissance des besoins de chacun, compréhension mutuelle 3) Intervention acteurs institutionnels (Consulats, Parquets)
L'enfant écartelé - l'enfant divisé, insécurisé, pris en étau dans le conflit - Toujours amené à « coller » au parent hébergeant et rejeter le parent avec qui il ne vit pas. (forme d'aliénation parentale)	• Donner à l'enfant une place de sujet dans la médiation • Empowerment de l'enfant, qui amène ses parents à l'accord • Droit de l'enfant d'exprimer son opinion (Règlement Bruxelles II ter)
La dualité des systèmes juridiques - Impasse des solutions judiciaires, contradictoires, inexécutées, coupure des liens de l'enfant et d'un parent, soit par vide de droit, - soit par trop-plein de droit	Construction d'un droit commun aux deux parties La médiation offre une sécurité supérieure à celle de la justice, par un accord reconnu et exécutoire dans les deux pays. Connaissance du contexte juridique international, avec la nécessité d'un protocole d'accord rédigé par avocats.
Le fossé des cultures La dualité des cultures se superpose à la dualité des systèmes juridiques et la renforce	Dimension de « l'interculturalité », co-médiation binationale, gage de l'impartialité du processus de médiation pour le parent étranger. * co-médiation binationale directe (deux médiateurs en tandem) *comédiation binationale indirecte (un médiateur dans chaque pays)
Les pressions extérieures - la famille - les avocats - les associations de parents victimes - les médias	La médiation doit : — mettre à distance ces acteurs cachés de la médiation — et en même temps s'appuyer sur eux comme leviers de solutions
Le temps Un temps trop long distend les liens et accentue les ressentiments	1) Agenda de la médiation selon les stades de la procédure 2) Le temps densifié de la « fast-mediation » (délais CLH) 3) Le temps « étiré » et non compté de la médiation, soutien actif des parents tout au long du processus (hors Convention).

PARTIE III

LA MÉDIATION ADMINISTRATIVE

CHAPITRE I

LA MÉDIATION ADMINISTRATIVE EN EUROPE

Animateur de la table ronde : **Philippe GAZAGNES**,
magistrat honoraire, médiateur,
ex-référent national médiation
pour les juridictions administratives,
vice-président de GEMME-France.

« Cette table ronde a pour objet de faire le point sur la médiation administrative avec les témoins réunis. Il s'agit de présenter la médiation administrative et de faire réagir tous ces témoins autour des propositions d'un groupe de travail de Gemme France, réuni autour de Philippe Gazagnes depuis l'automne, vice-président de Gemme France et ancien Référent national médiation des juridictions administratives, pour faire des propositions d'avancées au ministre de la Justice et au Conseil d'État. Par exemple, il est proposé la création d'un référé médiation avec (ou non) suspension de la décision administrative, le développement de l'ordonnance 2 en 1 pour les tribunaux administratifs ou l'obligation de médiation pour les litiges de moins de 10 000 euros. Les propositions seront soumises aux avis éclairés des témoins de cette table ronde. Après les Assises, elles seront finalisées et transmises aux autorités ».

« Panorama de la médiation administrative en Europe »

Karim SALEM,
conseiller d'État en Égypte, doctorant à l'Institut de recherches Carré de Malberg (IRCM) à l'Université de Strasbourg et ancien élève de l'INSP-France, expert auprès de la CEPEJ (GT-QUAL)

Résumé

En décembre dernier, l'assemblée plénière de la Commission européenne pour l'efficacité de la justice (CEPEJ), instance du Conseil de l'Europe (CdE), a adopté un guide pour promouvoir la médiation administrative[1]*. Ce guide présente treize mesures, ainsi que des exemples de bonnes pratiques.*

Les pratiques de chaque pays sont très diverses. Quatre catégories distinctes de pays : ceux où la médiation n'existe pas, ceux où la pratique est peu développée malgré l'existence d'un texte juridique, ceux où la médiation est pratiquée sans texte juridique spécifique et enfin ceux où la médiation est pratiquée sur une base juridique solide (médiation institutionnelle pour certains pays et cadre juridictionnel pour d'autres). Une dernière sous-catégorie, appelée le système hybride : médiation pratiquée avec l'aide d'un tiers institutionnel, conventionnel ou désigné par le juge.

Notre intervention se focalisera sur l'exposition des pratiques de médiation administrative dans les États membres qui relèvent des deux dernières catégories, en mettant particulièrement l'accent sur la médiation conventionnelle ainsi que sur la médiation dans le cadre juridictionnel et un focus où la médiation marche le mieux : Allemagne, Espagne, Italie.

Les pratiques de la médiation administrative en Europe se caractérisent par une grande diversité[2]. Alors que certains pays

---

[1] https://rm.coe.int/cepej-2022-11-promotion-de-la-mediation-administrative-fr-adopte/1680a95693

[2] Ce panorama des pratiques de médiation administrative en Europe est le résultat d'une étude de l'état actuel du droit et des pratiques menées au sein de la Commission européenne par l'efficacité de la justice (CEPEJ), dans le cadre

connaissent peu ou pas du tout la médiation en matière administrative, d'autres pays ont recours à une variété de procédés de médiation. Afin de mieux présenter cette diversité de situations, il est possible d'identifier quatre catégories de systèmes juridiques à cet égard :

1re catégorie : Méconnaissance de la médiation administrative

Les systèmes juridiques inclus dans cette catégorie ne permettent pas la médiation en matière administrative. Aucun cadre juridique n'est mis en place pour réglementer la médiation dans ce domaine. Cette catégorie regroupe des États tels que l'Andorre, l'Arménie, la République tchèque, la Macédoine du Nord, la République de Chypre, le Monténégro, la Hongrie et San Marino.

Cependant, dans bon nombre de ces systèmes juridiques, même si la médiation en matière administrative n'est pas reconnue, la médiation est possible, du moins en théorie, dans les affaires civiles. C'est notamment le cas du régime juridique en vigueur en République tchèque, en Hongrie[3], au Monténégro, en Andorre et à San Marino[4].

2e catégorie : faible recours à la médiation, malgré l'existence d'une base juridique

Dans cette catégorie de pays, bien qu'un cadre juridique[5] régisse le recours à la médiation pour résoudre les conflits de

---

d'un projet de promotion de l'utilisation de la médiation administrative dans les États membres du Conseil de l'Europe (CdE). Cette étude a été menée par Sabine Boussard et Karim SALEM avec le concours de Maria Olivera, médiatrice et membre du (CEPEJ-GT-QUAL)

[3] La loi LV de 2002 sur la médiation concerne les litiges civils et exclut, parmi d'autres, la médiation dans les procédures administratives.

[4] La médiation est connue en matière familiale par exemple (loi n° 57 du 29 mai 2013).

[5] Ces cadres juridiques ne présentent pas les mêmes caractéristiques : certains sont nationaux, d'autres sont régionaux ; certains cadres juridiques sont très brefs, d'autres sont plus détaillés.

nature administrative, ou du moins le permette, une telle possibilité est rarement mise en œuvre. C'est le cas, par exemple, dans les systèmes juridiques bulgare, portugais et ukrainien.

Prenons l'exemple du code de procédure des tribunaux administratifs portugais. Ce code prévoit deux dispositifs de médiation qui coexistent : la médiation devant les centres d'arbitrage et la médiation en cours d'une procédure juridictionnelle. Dans le premier dispositif, l'État peut autoriser la création de centres d'arbitrage dont l'objectif est de trouver une solution amiable aux litiges liés aux relations juridiques de l'emploi public, aux systèmes publics de protection sociale et à l'aménagement urbain. Ces centres d'arbitrage peuvent également être chargés de missions de conciliation et de médiation. Actuellement, un centre d'arbitrage appelé « Centro de Arbitragem Administrativa » (CAAD) existe.

Quant au deuxième dispositif, il permet au juge de tenter une résolution amiable du litige dont il est saisi, à condition que les parties en fassent conjointement la demande ou si le juge l'estime opportun. Cependant, malgré l'existence d'un cadre juridique au Portugal, la médiation en matière administrative demeure peu pratiquée.

3e catégorie : Pratique de médiation sans base juridique spécifique

Dans ce cas de figure, alors que la médiation en matière administrative ne s'appuie pas sur un cadre juridique spécifique permettant de manière explicite le recours à la médiation, un processus de médiation est mis en œuvre. C'est notamment le cas de la « médiation » pratiquée par la Cour administrative du Luxembourg.

En effet, la médiation administrative au Luxembourg ne s'appuie pas sur un texte législatif ou réglementaire. C'est pour cela que les juges administratifs dans le tribunal administratif de première instance et la Cour administrative en seconde et dernière instance n'ont pas recours de manière formelle à la médiation. Cependant, « tout spécialement, la Cour administrative a mis en exergue que son rôle en tant que juge administratif consiste non seulement à appliquer le droit, mais encore et surtout, dans la mesure du possible, à résorber le litige si faire se peut en conciliant les parties et en éliminant de la sorte le point litigieux entre elles, le tout dans une optique de paix sociale »[6]. Pour ce faire, la Cour organise des « visites des lieux », dans la mesure du possible pour proposer une médiation aux parties et tenter de trouver une solution à leur litige.

4e catégorie : Pratique de la médiation basée sur un fondement juridique

Cette catégorie regroupe un grand nombre de pays tels que la Belgique, la France, l'Allemagne, l'Italie, la Lituanie, la Lettonie, la Principauté de Monaco, les Pays-Bas, la Norvège, l'Espagne, la Suisse et le Royaume-Uni. Dans ces systèmes juridiques, la médiation est pratiquée sur le fondement d'un cadre juridique régissant le recours à cette voie de résolution des conflits administratifs.

Toutefois, au sein de cette catégorie, les processus de médiation se révèlent très différents en fonction du pays considéré. Trois sous-catégories peuvent être identifiées : pour certains pays, la seule médiation en matière administrative connue est institutionnelle (1), tandis que pour d'autres pays, la médiation est surtout pratiquée dans le cadre juridictionnel (2). La troisième et dernière sous-catégorie regroupe les États dans lesquels la médiation en matière administrative peut être conduite par un tiers institutionnel, conventionnel ou désigné par le juge (3).

Médiation essentiellement institutionnelle

C'est notamment le cas de la Suisse et de la Principauté de Monaco. En Suisse, par exemple, quasiment tous les cantons

---

[6] Réponse du Président de la Cour administrative du Grand-Duché de Luxembourg à notre questionnaire transmis dans le cadre de l'étude de l'état des lieux du droit et des pratiques de la médiation administrative dans les États membres du CdE, menée par la CEPEJ.

suisses[7] disposent aujourd'hui d'un médiateur cantonal, appelé Bureau de médiation administrative (BMA). Parallèlement à un recours en justice, un citoyen peut faire appel au médiateur administratif cantonal afin de tenter un traitement à l'amiable de son litige. Cependant, la médiation conduite par un BMA n'a pas d'incidence sur les délais devant les instances juridictionnelles. Les missions des BMA sont diverses et variées et ne se limitent pas à la « résolution de litige »[8].

De même pour la Principauté de Monaco, en 2013, la principauté monégasque a instauré une institution de médiation intitulée le « Haut-commissariat à la protection des droits, des libertés et à la médiation »[9], pour – entre autres — traiter les réclamations individuelles et promouvoir la résolution amiable des conflits. En tant que médiateur, le Haut-commissaire intervient sur des réclamations individuelles qui portent sur deux volets : la protection des droits des administrés et la lutte contre les discriminations. Pendant la période 2017-2019, par exemple, les réclamations individuelles concernaient six domaines principaux : logement, activités économiques, séjour des étrangers, emploi, protection sociale et détention ; avec un taux de réussite de 75 % [10]

Médiation essentiellement juridictionnelle

Cette sous-catégorie regroupe les États européens ayant mis en place un processus de médiation dans le cadre judiciaire. La médiation est alors conçue comme un processus ordonné par le

---

[7] La médiation administrative est introduite par la constitution de certains cantons suisses : par exemple, l'article 115 de la Constitution de la République et canton de Genève (Cst-GE) du 14 octobre 2012 dispose qu'« une instance de médiation indépendante est compétente pour traiter de façon extrajudiciaire les différends entre l'administration et les administrés.

[8] Pour plus d'informations, voir, par exemple, le site internet du BMA de Genève https://www. ge. ch/faire-appel-au-mediateur-cantonal

[9] Voir Ordonnance souveraine n° 4. 524 du 30 octobre 2013 instituant un Haut Commissariat à la protection des droits, des libertés et à la médiation.

[10] Sur 80 solutions amiables proposées, 75 % ont été acceptées et mises en œuvre ; voir le rapport d'activité de 2017-2019 disponible sur le site internet https://hautcommissariat. mc/docs_site/Synthese-RA-2017-2019. pdf

juge, sinon mené par lui. C'est le cas, par exemple, dans les systèmes juridiques allemand, espagnol et letton.

En Allemagne, la médiation en matière administrative est prévue par plusieurs lois, notamment la loi sur la médiation du 21 juillet 2012 qui transpose la directive européenne de 2 008[11]. En vertu des dispositions de cette loi, le champ de la médiation couvre tout type de litiges. La particularité du régime allemand de la médiation réside dans le statut du médiateur. Alors qu'en Espagne ou en France, comme mentionné ultérieurement, la médiation est principalement conduite par des médiateurs libéraux, en Allemagne ce sont les magistrats eux-mêmes qui mènent le processus de médiation[12]. Ainsi, il est courant de trouver des juges médiateurs dans les juridictions allemandes[13].

En ce qui concerne l'Espagne, l'originalité du régime de médiation administrative réside dans l'innovation régionale. En effet, bien qu'il n'existe pas de texte national qui instaure explicitement la médiation en matière administrative dans le cadre judiciaire, comme c'est le cas en France[14] par exemple, une interprétation large est donnée aux textes juridiques existants pour justifier le recours à la médiation en matière administrative[15]. Aujourd'hui, des protocoles régionaux permettent et réglementent le recours à la médiation pour résoudre les conflits de nature administrative. C'est le cas de certaines communautés autonomes telles que les Canaries, la

---

[11] Directive 2008/52/CE du parlement européen et du Conseil du 21 mai 2008 sur certains aspects de la médiation en matière civile et commerciale

[12] Alors que le juge allemand a la possibilité d'inviter les parties à entrer en médiation avec l'aide d'un tiers "extrajudiciaire", il semble que cette hypothèse est peu mise en œuvre devant les tribunaux administratifs.

[13] Sur l'évolution de la médiation judiciaire en Allemagne, voir notamment, PETER OSTEN, La médiation et la conciliation judiciaires dans la juridiction administrative allemande, in Béatrice Brenneur et Jacques Biancarelli (dir.), *Conciliation et médiation devant la juridiction administrative*, L'Harmattan, 2015, p. 80-83.

[14] Loi n° 2016-1547 du 18 novembre 2016 de modernisation de la justice du XXIe siècle, disponible sur le site internet https://www. legifrance. gouv. fr/.

[15] Il est essentiellement fait référence à la loi n° 5/2012 de juin 2012 sur la médiation en matières civiles et commerciales mais aussi à l'article 77 de la loi relative à la juridiction administrative n° 29/1998 *B. O. E.*

région de Murcie, la Catalogne, Madrid et Valence[16]. Contrairement à la situation en Allemagne, la médiation administrative en Espagne est assurée par des médiateurs qui ne sont pas des magistrats.

Système hybride

Dans ce cas de figure, les systèmes juridiques concernés connaissent différentes mesures de médiations possibles pour régler un conflit de nature administrative. Ainsi, un processus de médiation administrative peut être conduit par un médiateur institutionnel ou conventionnel, en dehors de tout litige juridictionnel, mais également, il peut y avoir une médiation dans le cadre juridictionnel ; c'est-à-dire par le juge lui-même ou sous son égide. Cette pluralité de mesures de médiation est constatée dans plusieurs systèmes juridiques européens tels qu'en Belgique[17], en France, au Royaume-Uni[18], en Lituanie[19], aux Pays-Bas[20] et en Norvège[21].

---

[16] Pour plus de précisions, v. notamment, RHITA BOUSTA, *La notion de médiation administrative*, l'Harmattan, 2021, p. 53 et s.

[17] Pour plus d'informations, v. notamment TIRVAUDEY Catherine, *Le rôle du juge en matière de MARD-PRD*, Presses universitaires de Franche-Comté, 2020 ; IVAN VEROUGSTRAETE, La médiation en droit public et administratif en Belgique, *Quelles perspectives pour la médiation en droit public ?* Lexbase Hebdo édition publique n° 453, 2017 ; PIERRE-FRANÇOIS HENRARD, "La médiation en droit administratif", *Administration publique — trimestriel*, 2015.

[18] Pour plus de précisions, v. notamment KARIM SALEM et MARGARET DOYLE, "Promoting mediation to resolve administrative disputes in Council of Europe member states", sur *Realaw. blog* [en ligne], publié le 17 mars 2023 [consulté le 20 juin 2023].

[19] Pour plus d'information, v. CARLO ALBERTO CALCAGNO, "La mediazione lituana nel processo amministrativo", sur *Mediaresenzaconfini* [en ligne], publié le 2 juin 2021 [consulté le 20 mai 2022].

[20] Le régime juridique néerlandais connaît deux possibilités de "médiation" en matière administrative : une médiation extrajuridictionnelle (Commission impartiale d'experts en marchés publics [COPE] *Commissie van Aanbestedingsexpert*) et une médiation conduite sous l'égide du juge. Pour plus d'informations, v. notamment HUISMAN, P. J., JANSEN, C. E. C., VAN OMMEREN, F. J. *et al.,* "Judicial and extra-judicial protection regarding public contracts in the Netherlands", in *Administrative law*, Bruylant, 2018.

Le représentant topique de cette sous-catégorie est le régime juridique français. En effet, en France, un conflit administratif peut faire l'objet de plusieurs types de médiation : une médiation menée dans le cadre juridictionnel ou hors cadre juridictionnel ; menée par un médiateur relevant de l'administration ou un médiateur libéral dans une médiation conventionnelle. Une médiation peut aussi être conduite par un magistrat membre d'une juridiction administrative.

À titre d'illustration, pour un litige relatif aux relations de la fonction publique, une médiation peut être tentée devant un médiateur institutionnel[22] – en sens large du terme —, mais aussi avec l'aide d'un tiers libéral choisi par les parties. En cas de saisine du juge, ce dernier peut, soit d'office ou à l'initiative des parties, proposer la médiation[23]. Dans ce cas, le juge désigne un médiateur pour tenter de régler amiablement l'affaire. Ce médiateur désigné par le juge, peut être un magistrat, un médiateur libéral ou parfois même un médiateur institutionnel auquel les parties seront renvoyées[24]. Ces trois types de médiation coexistent et se pratiquent tous aujourd'hui en France[25].

Enfin, il convient de souligner qu'en France, outre ces trois possibilités de médiation précédemment citées, il existe une procédure de médiation préalable obligatoire (MPO) pour certains types de litiges. Il s'agit d'une obligation imposée aux

---

[21] Pour plus d'informations, voir CARL E ROBERTS et FREDRIK LILLEAAS ELLINGSEN, "The Dispute Resolution Review : Norway", sur *The The Law Reviews* [en ligne], publié le 17 février 2022, [consulté le 20 mai 2022].

[22] Il peut être d'une compétence nationale tel que le "Défenseur des droits", d'une compétence régionale tel que "le médiateur de la ville de Paris" ou bien un médiateur sectoriel comme "le médiateur des entreprises". Il peut aussi relever de l'administration partie au conflit, comme "le médiateur de la Caisse d'allocations familiales (CAF)" le médiateur du "Pôle emploi", etc.

[23] Article L. 213-1 et s. du Code de justice administrative (CJA).

[24] Par exemple, désigner le Médiateur des entreprises pour un litige relatif à l'exécution d'un marché public.

[25] Pour plus de précisions sur les statistiques de la médiation administrative en France, voir, notamment, le rapport du Conseil d'État français sur les dernières 5 années de médiation en matière administrative, disponible sur https://www. conseil-etat. fr/actualites/retour-sur-5-annees-de-mediation-administrative.

parties, non pas de trouver une solution à leur conflit, mais de tenter de résoudre à l'amiable leur conflit via la médiation[26]. Par conséquent, en cas d'absence d'une tentative de médiation préalable, le juge rejette la requête par ordonnance et transmet le dossier au médiateur compétent. Après avoir fait l'objet d'une expérimentation pendant quatre ans, la MPO est aujourd'hui pérennisée en France et concerne désormais certaines décisions individuelles définies par l'article 2 du décret n° 2022-433 du 25 mars 2022[27].

---

[26] Pour plus de précisions, v. notamment le rapport du Conseil d'État français "Expérimentation de la médiation préalable obligatoire", Conseil d'État, 2021, [consulté le 4 avril 2022].

[27] Art. R. 213-12 du décret n° 2022-433 du 25 mars 2022 relatif à la procédure de médiation préalable obligatoire applicable à certains litiges de la fonction publique et à certains litiges sociaux.

CHAPITRE II

LA MÉDIATION ADMINISTRATIVE EN FRANCE

I. EXPÉRIENCE DEVANT LA COUR D'APPEL DE NANCY

Par **Sylvie FAVIER**,
conseillère d'État,
présidente de la cour administrative d'appel de Nancy.

Résumé

Les juridictions administratives développent la médiation depuis peu. Elles la professionnalisent, mais se heurtent souvent à des réticences, de la part des administrations notamment, qu'elles s'efforcent de lever.

Quelques mots sur la médiation dans le domaine qui est le mien, celui des juridictions administratives : elle me paraît essentielle comme un mode d'apaisement des relations administrations-administrés, administrations-entreprises, administrations-employeurs et agents de ces administrations.

Lorsqu'elle est organisée dans le cadre d'un litige déjà porté devant les juridictions, je suis de ceux qui pensent qu'il n'est jamais trop tard pour la proposer, en première instance, en appel, en cassation, et dans les difficultés d'exécution.

En administratif, cette idée se heurte malheureusement à des freins importants auxquels les administrations, et notamment les administrations de l'État, ne sont pas étrangères. Au mieux, nos propositions sont laissées sans réponse, au pire on nous explique que le droit, les principes d'égalité et de légalité ne permettent pas d'envisager un règlement transactionnel. Comme si ces principes étaient en jeu : il ne s'agit pas de favoriser des solutions illégales ou inégalitaires, il s'agit de permettre des solutions raisonnables et raisonnées là où le dialogue a été rompu et où cette rupture apparaît comme définitivement consommée du fait de la saisine d'un tribunal.

Que nous manque-t-il pour convaincre ceux qui n'en veulent pas ? De la volonté, non, des moyens sans doute, car il faut y consacrer de l'énergie et du temps, en plus de tout le reste. De l'énergie et du temps pour développer cette culture, porter la bonne parole, de l'énergie et du temps pour détecter les dossiers pour lesquels une médiation nous apparaît comme possible, de l'énergie et du temps pour proposer aux parties d'entrer en médiation, de l'énergie et du temps pour améliorer nos dispositifs et les adapter à chacune des situations particulières que révèle chacune des affaires dont nous sommes saisis. La route est encore longue, mais j'ai la conviction profonde que nous y parviendrons.

II. EXPÉRIENCE DEVANT LE TRIBUNAL ADMINISTRATIF DE LIMOGES

Par **Didier ARTUS**,
président du tribunal administratif de Limoges,
membre du comité « Justice administrative et médiation ».
Expérience de la médiation administrative
devant le tribunal administratif de Limoges

Résumé

Rapide tour d'horizon de la médiation « à la française » et présentation des projets de médiation pour le tribunal administratif de Limoges.

Véritablement introduite, en France, par la loi de novembre 2016 sur la justice du XXIe siècle, la médiation administrative est désormais un outil intégré au Code de justice administrative, dans l'intérêt des justiciables.

Le succès de cette MARD est le résultat d'un investissement résolu des acteurs de la médiation et d'une volonté constante des juridictions administratives de le promouvoir.

Après un rappel de la méthode mise en place et des résultats obtenus au niveau national, nous présenterons, dans le cadre d'une prise de fonction en qualité de chef de juridiction, les démarches entreprises pour faire connaître et faire adopter la médiation par les barreaux et les administrations du ressort de cette juridiction, afin de garantir le succès du développement de la médiation en matière administrative.

À titre liminaire, je souhaite adresser mes remerciements aux organisateurs de cette belle manifestation dans les locaux du Conseil de l'Europe, notamment le Groupement européen des Magistrats pour la Médiation (GEMME), qui me donnent l'occasion de vous présenter « La médiation administrative en France » devant un parterre de tant d'experts de la médiation.

Un vaste sujet, à dire vrai, embrassant une période réellement commencée par la loi du 18 novembre 2016 sur la justice du XXIe siècle, qu'il me faut toutefois, si j'ai bien compris, présenter en quelques minutes !

Vous avez souhaité, en outre, que je vous fasse part de ma démarche, concrète, de chef de juridiction pour promouvoir la médiation administrative dans mon ressort de compétence.

Ces souhaits commandent les deux aspects de mon intervention : d'une part, les textes et moyens mis à disposition pour le développement de la médiation en matière administrative, d'autre part, les démarches et outils du chef de juridiction pour la promotion effective, sur le terrain, de la médiation.

1. L'environnement institutionnel de la médiation administrative

Je ne reviens pas ici sur les études et rapports réalisés avant l'entrée en vigueur de la loi sur la justice du XXIe siècle en faveur des modes alternatifs de règlement des différends (MARD). Ce qui importe réellement, c'est l'introduction des articles L. 213-1 et suivant au sein du Code de justice administrative mettant en place, pour les juridictions administratives, un cadre juridique nouveau, avec l'abandon de la mission de conciliation antérieurement confiée au juge, dont on sait qu'elle était peu usitée.

Ce contexte textuel rénové permet, vous le savez, d'envisager deux hypothèses : d'une part, la médiation à l'initiative des parties, lorsque celles-ci s'adressent spontanément et avant tout contentieux au président de la juridiction pour qu'il désigne un médiateur, d'autre part, la médiation à l'initiative du juge, lorsque ce dernier, idéalement dès l'introduction de la requête devant le tribunal, identifie une affaire pour laquelle il lui paraît opportun de proposer aux intéressés de recourir au processus de médiation.

Ainsi que l'évoquait le président Gazagnes, les premières assises nationales de la médiation administrative ont été organisées par le Conseil d'État à Paris en 2019 pour fédérer les énergies et mieux faire connaître la médiation auprès des partenaires des juridictions, en particulier les barreaux, l'administration de l'État et les collectivités territoriales. Mais, au-delà de ce qui précède, force est de relever que la juridiction administrative s'est dotée des moyens nécessaires à la promotion de la médiation.

Une sorte de « colonne vertébrale » a permis à la médiation administrative de se tenir debout.

Ce fut, tout d'abord, la mise en place d'un comité « Justice administrative et médiation », composé dans sa première version de membres de la juridiction administrative, mais également de membres des barreaux et d'universitaires. Le groupe de travail a eu pour mission d'aider concrètement à l'organisation du développement de la médiation, et on se souvient de ses travaux pour constituer un premier vivier de médiateurs « administrativistes », de ses suggestions pour les correspondances adressées par les tribunaux aux parties. Il s'est également penché sur les améliorations juridiques et la diffusion de bonnes pratiques sur l'ensemble des juridictions pour harmoniser des initiatives locales pertinentes.

Étaient membre de ce comité le référent médiation national des juridictions administratives, et ceux qui se sont succédé à cette fonction n'ont pas ménagé leur peine pour éclairer les juridictions désireuses de précisions ou d'impulsion, mais également pour intervenir dans de nombreuses manifestations ou des colloques sur cette nouvelle approche des différends par le juge et les administrations.

Cette organisation « centrale », quand bien même elle irriguait toutes les juridictions, a été, dès l'origine, prolongée par la désignation dans chaque tribunal et chaque cour, d'un référent médiation local. C'est à ce niveau, grâce à l'investissement du binôme constitué avec le chef de juridiction, que le référent médiation a pu créer un environnement favorable à l'émergence de la médiation : constitution d'un vivier de médiateurs, relation avec les associations de médiateurs ou centres de médiation, sensibilisation des élus, participation aux formations universitaires ou professionnelles à la médiation, intervention dans les colloques abordant les MARD, suivi des premières propositions de médiation à l'initiative du juge.

Il est en effet apparu rapidement indispensable, d'une part, de centraliser la prise en charge des processus de médiation, notamment avec le soutien d'un agent de greffe, d'autre part, de quantifier les propositions, les acceptations, les succès et, corrélativement, les échecs pour, si possible, identifier leurs causes et mieux répondre au besoin d'amiable.

À cet égard, un objectif quantitatif national de 1 % des dossiers contentieux des juridictions administratives orientés en médiation a été annoncé et, dès les années 2020-2021, cet objectif a été atteint, soit environ 2 000 médiations par an effectivement engagées. Ce résultat, qui ne doit pas être sous-estimé compte tenu de la jeunesse des dispositions du Code de justice administrative et des contraintes sanitaires que nous avons tous subies avec la COVID 19, sans évoquer le développement de la médiation préalable obligatoire qui a éloigné des prétoires certains dossiers, est aujourd'hui perçu comme un palier.

Les travaux du comité « Justice administrative et médiation » portent désormais sur trois principales préoccupations : comment augmenter le taux d'acceptation des médiations, car un tiers des propositions recueille l'accord de toutes les parties, comment augmenter le taux de succès des médiations engagées dès lors que la moitié de celles-ci aboutit à un accord, comment réduire le temps consacré à la médiation alors que la durée écoulée entre la désignation du médiateur et la fin du processus est trop long avec près de neuf mois constatés en moyenne ?

L'environnement institutionnel en faveur du développement de la médiation est en place et actif, mais le succès est également conditionné par un indispensable investissement personnel au plus près des justiciables.

2. L'investissement personnel pour la médiation administrative

Je l'évoquais il y a un instant, le succès du développement de la médiation administrative passe par une organisation qui se décline au niveau local par la présence d'un référent-médiation nommé dans la juridiction et surtout motivé.

Cette motivation peut résulter d'une appétence particulière pour les MARD, mais elle est essentiellement le fruit d'une collaboration efficace entre différents membres de la juridiction et, en tout premier lieu, le président de la juridiction à qui il appartient de donner une impulsion significative. Ce rôle est, en effet, celui consistant à mettre en place, au sein de sa juridiction, une organisation efficiente. À cet égard, l'année 2022 a vu plusieurs tribunaux administratifs dépasser le nombre de 100 médiations annuelles et le comité « Justice administrative et médiation » s'est récemment penché sur les conditions de ces résultats.

Il en ressort que les chefs des juridictions concernées se sont spécifiquement investis et eux-mêmes, ou avec un référent médiation voire un autre magistrat, et le soutien d'au moins un collaborateur, membre du greffe, souvent affecté à mi-temps sur cette mission, ont créé une cellule ou un pôle « médiation » au sein du tribunal, centralisant sinon toujours l'initiative des propositions de médiation, qui peut revenir aux présidents de chambre, du moins la procédure de recueil d'accord, de désignation, de suivi du processus jusqu'au terme, pouvant comporter une décision de taxation des frais.

Dans les petites juridictions, comme le Tribunal administratif de Limoges que je préside depuis peu, les moyens humains ne permettent certes pas la création d'un pôle « médiation », mais, outre la fonction de référent médiation qui doit être remplie, le cas échéant par le chef de juridiction lui-même s'il ne trouve pas de collègue suffisamment disponible et intéressé, il est important qu'un membre du greffe, particulièrement familiarisé avec le traitement des dossiers contentieux et les procédures existantes — en pratique ce sera plutôt un greffier de chambre — assure l'aspect matériel des échanges de courriers, la tenue d'un tableau de suivi assurant le pilotage des dossiers en phase liminaire de proposition de médiation, en phase active de déroulement de la médiation et en phase finale de sortie de médiation, qu'il y ait ou non accord.

Organisation essentiellement unipersonnelle ou pôle médiation, le responsable du développement de la médiation doit également avoir anticipé les entrées en médiation en disposant d'un vivier de médiateurs formés à la médiation, c'est-à-dire aux techniques de communication, mais également sensibilisés aux procédures administratives, quand bien même la médiation est la chose des parties, qui sont les experts de la matière qui les oppose. Cela implique des contacts avec les établissements, spécialement universitaires délivrant un Master II ou un Diplôme universitaire de médiation, des relations avec les associations de médiateurs ou centres de médiation disposant d'une connaissance de leurs membres et des conditions de leur intervention, voire des entretiens avec les médiateurs proposant spontanément leur candidature pour mieux cibler leur champ de compétence, à l'aune de leur cursus et de leur expérience.

Je me suis ainsi assuré de l'existence d'un vivier de médiateurs pour le ressort du Tribunal administratif de Limoges et entrepris de l'étoffer, ai rencontré une association de médiateurs et proposé le développement de la comédiation, outil précieux de sécurité du processus de médiation par la complémentarité qu'il offre au cours des entretiens individuels et des réunions plénières, mais également instrument de formation, parfois utile sur les aspects du droit public, par les connaissances combinées de chacun, mobilisées et mutualisées lors des échanges avec les médiés.

La prise de poste pour un chef de juridiction nouvellement nommé est aussi l'occasion de nombreuses rencontres avec des partenaires extérieurs et, par suite, l'opportunité de faire connaître l'importance qu'il accorde au développement des MARD.

S'agissant de mon expérience encore récente de nomination, la presse écrite régionale s'est fait l'écho de mon installation et, après un entretien avec une journaliste, a mis en exergue l'intérêt que je voyais, pour un meilleur service public de la justice administrative, à recourir dans certains litiges à la médiation. En présentant les avantages d'un règlement apaisé du conflit dans le contentieux de la fonction publique – les relations de travail — ou les contentieux de l'urbanisme et de l'environnement – les relations de voisinage — ou encore les dossiers de marché public – les relations d'affaires —, je pense avoir emporté la conviction dès lors que la presse a justement insisté sur cet aspect de mon projet pour ma juridiction. Au-delà des médias, c'est aussi naturellement vers les barreaux que je me suis tourné. Les avocats ont l'obligation déontologique d'informer leurs clients de l'ensemble des voies de résolution des litiges qu'ils portent à leur connaissance et au nombre de celles-ci figure en bonne place la médiation. Sensibilisés depuis plusieurs années aux MARD, les avocats se sont désormais accoutumés à la réception de propositions de médiation par le juge administratif et ont manifesté leur intérêt pour les formations, en particulier à la médiation administrative, soit pour être médiateurs, soit pour accompagner leur client en médiation. Je viens d'en avoir concrètement la confirmation par l'organisation par le barreau de Limoges et l'École des avocats de Bordeaux d'une session de formation à la médiation administrative en juin 2023.

Ce sont, enfin, et je dirais surtout, les administrations et les élus qu'il faut convaincre ! À l'image de ce qu'accomplit la présidente, Sylvie Favier, présidente de la cour administrative d'appel de Nancy, présente parmi nous, je mets à profit chaque visite de courtoisie, à laquelle le nouveau chef de juridiction doit procéder auprès des autorités de son ressort, pour vanter les mérites, pour son service, d'un recours à la médiation. Coût modéré, rapidité, discrétion, satisfaction de toutes les parties prenantes, les avantages de la médiation administrative emportent la conviction lorsqu'ils sont exposés. Tous mes interlocuteurs se sont montrés intéressés et ont spontanément pensé à des affaires pour lesquelles une médiation était envisageable, voire souhaitable…

En réalité, la réforme de la loi sur la justice du XXIe siècle pénètre lentement mais sûrement les strates de l'administration. Alors, la médiation administrative en France ? Un outil incontournable du service public de la justice administrative aujourd'hui, et plus encore demain.

III. Expérience relatée par un ancien référent-médiation du tribunal administratif de Strasbourg

Jean Pierre VOGEL-BRAUN,
médiateur, président de chambre de tribunal administratif honoraire,
membre du conseil d'administration du GEMME,
membre du conseil d'administration de l'Association nationale des médiateurs

Résumé

Un référent médiation dans un tribunal administratif est un moteur essentiel pour la mise en œuvre de la médiation administrative. L'auteur, Jean Pierre Vogel-Braun, magistrat, revient sur son expérience personnelle de référent médiation assurée de 2 016 à 2 022 au tribunal administratif de Strasbourg. Pionnier dans les TA de l'organisation des séances de mise en état et d'information à la médiation administrative en présence de médiateurs bénévoles, il a innové en instaurant les ordonnances dites « 2 en 1 » ou ordonnances de recueil d'accords (ORA) déléguant au médiateur la mission d'expliquer aux parties la médiation, de recueillir leur accord et de conduire dans la foulée le processus participant ainsi à l'essor de la médiation administrative. Il propose de retranscrire la pratique qu'il a initiée dans les textes. Il préconise la création de l'outil de l'injonction d'avoir à rencontrer un médiateur dans les tribunaux administratifs. Il insiste sur la nécessité de former les juges et les greffiers à la médiation et insiste sur le nécessaire engagement de la communauté juridictionnelle, la médiation ne pouvant reposer exclusivement sur le référent médiation.

Les assises internationales du GEMME qui se déroulent au Conseil de l'Europe ces 25 et 26 mai 2023 sont une occasion unique de vous exposer l'expérience passionnante que la médiation administrative m'a permis de vivre en tant que référent médiation et prescripteur de médiation au tribunal administratif de Strasbourg.

Le législateur, par la loi du 2016-1547 du 18 novembre 2016 appelée J 21 a introduit la médiation devant les juridictions administratives. Un décret d'application du 18 avril 2017 est venu préciser la médiation dans les litiges relevant du juge administratif, le tout actuellement codifié aux articles L213-1 à L213-10 et aux articles R. 214-4 à R. 213-9 du Code de justice administrative.

Ayant bénéficié d'une formation à la médiation à Paris Panthéon-Assas sanctionnée par un diplôme universitaire, j'ai rapidement pu mesurer la différence entre le litige soumis au juge et le conflit qui oppose et sépare les parties. Permettre au justiciable et au citoyen de résoudre autrement le différend avec la personne publique en dehors du juge, en toute responsabilité, à l'aide d'un médiateur m'a beaucoup séduit tant il est vrai que le processus de médiation permet beaucoup de contribuer à la paix sociale. Permettre aux parties et leur donner la chance au travers de la médiation d'imaginer et de construire une solution commune leur permettant de sortir « par le haut » en faisant du « gagnant-gagnant » fait partie des modes amiables de règlement des conflits.

La chambre de l'urbanisme que je présidais au TA de Strasbourg a été une chambre expérimentale en matière de médiation. Il s'est avéré que l'urbanisme s'est rapidement imposé comme matière de prédilection pour la prescription de médiation surtout dans les litiges concernant les citoyens dans leur vie quotidienne, mais ne concernant pas a priori les actes à caractère réglementaire.

Voir mon article « La médiation administrative en urbanisme à l'épreuve des faits » Dictionnaire permanent Construction et urbanisme Bull n° 516 02/2 020.

J'avais fait le constat au travers de certains contentieux de la détérioration des liens sociaux et de la disparition de la communication. Mon objectif en tant que référent médiation et prescripteur de médiation était de créer du lien, de rétablir la communication et la confiance et permettre aux parties de se responsabiliser pour l'élaboration d'une solution commune.

Il est vrai que la plupart des branches du droit public se prêtent à la médiation et il m'appartenait au sein du tribunal en tant que référent de convaincre les présidents de chambre de proposer des dossiers à la médiation et d'avoir un œil différent lors du filtrage des requêtes en y intégrant le « curseur médiation » susceptible d'être mis en œuvre. On ne peut cependant nier une certaine frilosité des prescripteurs de médiation pour des motifs divers et variés qui nécessiteraient peur être une analyse fine permettant de corriger ce désintérêt.

J'ai mis en place initialement des propositions écrites de médiation pour recueillir les accords d'entrée de toutes les parties dans le processus de médiation. Il est vrai que ces simples propositions écrites n'ont pas rencontré beaucoup d'écho ni le succès espéré s'agissant d'un mode amiable de règlement des différends auquel les justiciables administratifs n'étaient pas familiarisés. L'évidence s'est rapidement imposée de mettre en place un processus plus adapté à la sensibilisation à la médiation. Cette sensibilisation s'est concrétisée dans un premier temps par la signature de conventions avec les barreaux (Strasbourg, Mulhouse, Saverne et Metz), des collectivités locales, des associations de maire (Haut-Rhin et Bas-Rhin), l'université de Strasbourg. Mais le « porter à connaissance » de la médiation administrative auprès des administrations au cours des 6 dernières années n'a pas vraiment germé de manière substantielle et j'ai pu constater tout le chemin qui restait à faire. L'organisation de formations dans le ressort du TA de Strasbourg à destination des DRH d'hôpitaux, de commissaires enquêteurs, des SDIS, des avocats, de l'université, des experts, des médiateurs et des avocats a permis une meilleure diffusion de la culture de la médiation et l'acquisition de connaissance par les intéressés qui doivent cependant les mettre en œuvre.

Le tribunal administratif de Strasbourg a cependant été en pointe en expérimentant plusieurs procédés pour faire avancer la cause de la médiation. Nous en rappellerons deux qui ont fait leurs preuves. L'audience de mise en état et d'information à la médiation et l'ordonnance de recueil d'accord ou l'ordonnance dite « 2 en 1 ».

J'ai appelé également de mes vœux la mise en place d'un nouvel outil pour le juge administratif tel que l'injonction adressée aux parties d'avoir à rencontrer un médiateur. La création de cet outil par voie réglementaire reste d'actualité et serait de nature à améliorer la mise en œuvre du processus de médiation par les juridictions administratives. Nul n'étant prophète en son pays, je pense toutefois que cet outil finira par s'imposer et se retrouvera dans le panel des outils dont le juge administratif doit nécessairement disposer. Si j'avais disposé de cet outil, je l'aurais utilisé dans certaines affaires qui ne sont pas assujetties à la médiation administrative préalable obligatoire lorsqu'il apparaît que les parties ont tout intérêt à passer par l'amiable en étant préalablement informées. D'ailleurs, le temps séparant l'introduction de la requête et la phase de jugement doit être mis à profit pour enjoindre aux parties d'avoir à rencontrer un médiateur.

La médiation administrative à ses débuts a été un vaste champ d'expérimentation. Pour un référent, la médiation administrative peut constituer un laboratoire et un champ d'expérimentation passionnant à condition d'avoir de l'imagination et de la passion pour la médiation. C'est ainsi qu'en tant que juge des référés j'ai suspendu une décision d'un établissement hospitalier qui refusait le placement de l'agent en temps partiel thérapeutique le temps des opérations de médiation, chacune des parties ayant accepté d'entrer dans le processus de médiation.

(TA de Strasbourg 28 décembre 2017 Mme A Req n° 1706126 citée dans la lettre de justice administrative du Conseil d'État n° 51 de février 2018.

1. L'audience de mise en état et d'information à la médiation

Partant du constat que rien ne vaut une rencontre en présentiel et un échange avec le justiciable pour favoriser la mise en œuvre d'une pédagogie proactive, je me suis orienté vers la mise en place d'une séance de mise en état et d'information à la médiation au sein de ma juridiction.

Ayant procédé à la sélection mensuelle d'une quinzaine de dossiers en urbanisme et en fonction publique territoriale, le greffe a constitué un rôle et a invité les parties, dont les exécutifs communaux à se rendre au tribunal administratif accompagnés facultativement de leur conseil. Certains avocats se présentaient vêtus de leur robe, d'autres qui avaient saisi le rôle amiable de la démarche se présentaient habillés en civil.

Les parties étaient reçues en dehors du décorum de la salle d'audience par le président de chambre accompagné d'une greffière en présence d'un médiateur. L'objectif initial était d'expliquer aux parties en quoi consistait la médiation administrative et quels étaient les avantages que ce mode amiable pouvait leur apporter. Un échange avait lieu sur l'objet de la demande et permettait régulièrement de se rendre compte que les parties ne communiquaient plus depuis très longtemps et que l'objet de leur demande ne correspondait pas forcément à ce qui les séparait réellement.

Le simple fait que les parties acceptent de se rendre à la séance de mise en état à la médiation et de se retrouver l'une à côté de l'autre alors que le processus de communication était rompu constituait un signe très encourageant pour l'entrée dans le processus de médiation.

Les médiateurs d'Alsace-Médiation et du CEMIC qui se sont relayés au cours de ces séances ont apporté leur concours bénévolement et ont répondu aux interrogations des parties. Au cours de ces séances, nous avons réussi à faire signer des entrées dans le processus de médiation ou alors à l'issue de la séance les parties nous renvoyaient le formulaire signé par l'intermédiaire de leur avocat. Nous avons pu observer que les maires des petites collectivités ont « joué le jeu » et se répondaient systématiquement aux invitations à participer aux séances de mises en état à la médiation. On peut considérer aujourd'hui que les petites collectivités locales alsaciennes ont bien intégré le processus de médiation. Quand on y réfléchit bien l'audience de mise en état à la médiation que j'ai pratiqué à Strasbourg au tribunal administratif pendant plus d'un an n'était pas éloignée de l'audience de règlement amiable annoncée par le Garde des Sceaux pour les juridictions judiciaires et qui devrait entrer en vigueur à l'automne 2023. Et pourquoi une audience de règlement amiable ne serait-elle pas mise en œuvre au niveau des juridictions des juridictions administratives ?

Il faut reconnaître que même si l'expérience de la séance de mise en état et d'information à la médiation s'est révélée positive et satisfaisante, elle comportait le défaut d'être chronophage, ne disposant que peu de moyens et assumant par ailleurs mes obligations de président de chambre. L'arrivée du COVID19 a finalement eu raison de l'expérience.

Pour autant ma pugnacité n'a pas été mise en défaut et j'ai imaginé et conçu un procédé devant favoriser le développement de la médiation administrative par le biais de l'ordonnance de recueil d'accord (ORA) ou plus communément appelée ordonnance « 2 en 1 ».

2. L'ordonnance « 2 en 1 » ou l'ordonnance de recueil d'accord (ORA) :

L'article L213-7 du Code de justice administrative prévoit que « … Le président de la formation de jugement peut, après avoir recueilli l'accord des parties, ordonner une médiation pour tenter de parvenir à un accord entre celles-ci. » L'article R. 213-15 du même code précise que « Lorsque le juge estime que le litige dont il est saisi est susceptible de trouver une solution amiable, il peut à tout moment proposer une médiation… »

Je suis parti du constat que le texte de l'article L. 213-7 et de l'article R. 213-15 du CJA ne précisent pas les modalités par lesquelles le juge recueille l'accord. Il lui appartient simplement de recueillir l'accord sans autre précision. Alors, pourquoi ne pas faire recueillir l'accord par un professionnel formé et rompu à la médiation ?

Toutefois pouvais-je ordonner la médiation en même temps que je demandais à un médiateur de recueillir l'adhésion des parties à cette mesure en méconnaissance de l'article L. 213-7 du CJA ?

À première vue, le juge ne peut pas ordonner une médiation avant d'avoir recueilli l'accord des parties. S'il le fait, il enfreint la loi. Mais la décision de désignation d'un médiateur est sans recours.

J'ai pu constater que dans beaucoup de situations ou une proposition écrite de médiation était effectuée par le greffe, l'une des parties acceptait d'entrer dans le processus et l'autre restait « taisante ». Elle n'acceptait ni ne refusait. Une telle situation n'était pas satisfaisante parce que je pouvais légitimement considérer que la « partie taisante » ne pouvait être regardée comme ayant connaissance et conscience des avantages que pouvait représenter pour elle l'entrée dans le processus de médiation et qu'il était nécessaire de combler le probable déficit d'explication. Une pédagogie adaptée pouvait donc se révéler payante tant pour la diffusion de la culture de la médiation que pour donner un essor à la médiation administrative qui en était à ses balbutiements.

Le choix a donc été consciemment assumé de faire recueillir l'accord d'entrée en médiation par un médiateur sans méconnaître la lettre et l'esprit de l'article L. 213-7 du CJA. Pour donner une légitimité au professionnel chargé de recueillir l'accord d'entrée en médiation auprès des parties en litige, je procédais à sa désignation par voie d'ordonnance afin que celui-ci prenne attache avec les parties et leurs avocats, explique la médiation en vue de les convaincre de l'intérêt d'entrer en médiation. La même ordonnance confiait immédiatement au médiateur la mission de conduire les opérations de médiation en cas d'acceptation de toutes les parties d'entrer dans le processus. Cela a permis d'économiser du temps de greffe et du temps magistrat.

La première expérimentation de l'ordonnance « 2 en 1 » a été faite dans le cadre d'une affaire de dommages de travaux publics ou une compagnie d'assurances avait été subrogée dans les droits de son assurée et avait demandé la condamnation de la collectivité publique à lui rembourser les sommes versées à son assuré victime d'un dommage de travaux publics en qualité d'usager d'un ouvrage public. La compagnie d'assurances avait été la seule à accepter l'entrée dans le processus de médiation alors que la collectivité publique était restée « taisante ». C'est ainsi que j'ai pris la première ordonnance « 2 en 1 » et qu'un médiateur a été désigné pour contacter la collectivité, lui expliquer la médiation, recueillir son accord et conduire dans la foulée les opérations de médiation.

Les médiateurs très rapidement convaincus de la pertinence du dispositif ont prêté leur concours bénévole pendant la phase de recueil des accords sur délégation du juge. Certains esprits chagrins se sont exprimés en invoquant le caractère « commercial » de la démarche du médiateur à la recherche à tout prix d'une entrée des parties dans le processus de médiation. Mais il faut bien s'interroger aujourd'hui dans quelle mesure l'ÉTAT ne devrait pas financer le coût du recueil de l'accord d'entrée dans le processus de médiation pour lequel les médiateurs prêtent gracieusement leur concours.

Le système en tous les cas a fait ses preuves au tribunal administratif de Strasbourg ou j'ai mis en place le processus de l'ordonnance de recueil d'accord. Le comité « justice administrative médiation » du Conseil d'État a validé le processus et nombre de tribunaux administratifs l'ont mis en œuvre. La juridiction judiciaire a parfaitement compris le dispositif et l'a clairement adopté ! Les statistiques sur l'adoption de ce dispositif n'existent cependant pas à ce jour. Il serait intéressant d'expertiser le dispositif.

Il serait opportun que le législateur retranscrive dans les textes la pratique née et mise en œuvre pendant plus de 5 ans au tribunal administratif de Strasbourg et modifie l'article L213-7 du CJA en prévoyant que « le président de la formation de jugement ou le magistrat qu'il délègue peut désigner un médiateur pour recueillir l'accord des parties, et conduire les opérations de médiation pour tenter de parvenir à un accord entre celles-ci ».

Pour autant, j'ai également appelé de me vœux l'instauration d'un outil supplémentaire pour le juge administratif.

3. L'injonction d'avoir à rencontrer un médiateur (I. R. M.)

La loi n° 95-125 du 8 février 1995 relative à l'organisation des juridictions et à la procédure civile, pénale et administrative en son article 23-1 applicable au 25 mars 2019 précisait « qu'en tout état de la procédure, y compris en référé, le juge peut enjoindre aux parties de rencontrer un médiateur. Ce dispositif n'a cependant pas été rendu applicable en juridiction administrative.

Cette injonction est mise en œuvre dans les juridictions judiciaires de manière très inégale. Cependant aucune statistique permettant un pilotage en la matière n'est à ce jour disponible.

Pour autant, cet outil s'avèrerait très efficace dans les tribunaux administratifs. Il permettrait au juge dans le cadre de l'instruction d'orienter certaines affaires vers un médiateur pour qu'une information en la matière puisse être dispensée. Le décollage de la réforme de la médiation administrative y gagnerait.

Je soulignerais la nécessité pour les magistrats ainsi que pour les greffes à se former à l'amiable et à la prescription de la médiation administrative pour ne pas « ignorer » des dossiers dont il paraît souhaitable qu'ils puissent se régler en médiation à la satisfaction des parties. Pour pouvoir proposer une médiation, il faut être formé !

Je terminerai en soulignant qu'au sein des juridictions l'engagement doit être collectif, car la mise en œuvre de la médiation administrative ne peut reposer exclusivement sur un référent médiation.

IV. Illustration d'une médiation administrative

Yvane Cécile ROBIN,
avocat à la Cour (Poitiers) et Médiateur DE

Médiation portant sur deux dossiers joints par la Cour :

- une demande d'annulation d'un refus implicite d'un retrait de permis de construire délivré en 2016 portant sur la restauration du bâti et surtout sur l'accessibilité par la cour du château dont la commune est copropriétaire (2/3), le 1/3 restant étant la propriété d'une indivision. Plusieurs problèmes se posaient sur site (suppression d'un perron, écoulement des eaux, etc.)
- une demande d'annulation (avec injonction) de la décision implicite de refus d'interrompre les travaux dans la cour du château. Mais en fait, le véritable problème était que les indivisaires n'avaient pas été consultés pour la réalisation des travaux.

Voici retracé un exemple de médiation s'inscrivant au carrefour du droit privé et du droit public.

Première rareté qui se double de l'origine de cette mesure, ordonnée non par le tribunal administratif, mais par la Cour administrative d'appel.

Il s'agit sur le fond d'un double dossier d'urbanisme classique (annulation d'un refus d'abrogation de permis de construire et demande de suspension de travaux), mais s'inscrivant dans le cadre épineux d'une copropriété indivise entre des châtelains, eux-mêmes en régime d'indivision, résidant sur Paris et la commune.

Évincés du processus d'obtention du permis du fait de l'indivision, les châtelains sollicitaient l'annulation du refus d'abrogation dudit permis, puis la suspension des travaux.

Texte de l'intervention

Je remercie mes associés sur cet atelier consacré à la médiation administrative ainsi naturellement que l'ensemble des instances en charge de l'organisation des Assises, en particulier le GEMME, l'ANM et le Conseil de l'Europe pour son accueil, et l'ensemble de mes interlocuteurs favorables à une illustration pratique d'un cas de médiation administrative.

Je vous ai choisi un cas très particulier et un peu hors-norme des dossiers classiques que l'on retrouve en droit public.

Il s'agit d'un dossier d'urbanisme présentant d'emblée un double volet puisque :

1. Un permis de construire (PC) du 14. 12. 2016 était contesté par le biais d'un refus implicite d'abrogation par l'administration et
2. Il était demandé la suspension des travaux et la remise en état des lieux sous astreinte.

Présentation succincte des requérants et des faits :

Les requérants (les consorts D) étaient des châtelains de longue date dont la famille résidait pour l'essentiel sur Paris depuis deux générations et avait du partager voici fort longtemps leur immeuble avec la Commune, qui y avait installé la salle des mariages dans une aile, et la mairie et les services postaux dans le petit côté, l'ensemble format un L car l'autre moitié avait été auparavant cédée à un ressortissant belge.

La cour du château, bien que coupée en deux, restait indivise depuis 1886 et n'avait pas fait l'objet de travaux jusqu'en 2020, date à laquelle elle a été surélevée pour l'évacuation des eaux pluviales (d'où des infiltrations chez les consorts D).

Il convient de préciser que le bâti est classé pour ses façades et les toitures.

Les consorts D reprochaient une mauvaise exécution des travaux, un problème de respect de leur propriété, et la suppression du perron central formant l'entrée noble de la propriété par la mairie, sans motif légitime, ainsi que des infiltrations suite à la surélévation de la cour.

Ils rappelaient qu'aucune solution n'avait été trouvée en 2018 lors d'une réunion avec l'architecte des bâtiments de France.

Ils estimaient avoir besoin de plus de concertation pour les travaux à venir, afin de respecter la propriété qui rassemblait de nombreux souvenirs de famille et qui avait déjà été dégradée (perte d'un arbre centenaire dans la cour…).

La commune quant à elle invoquait l'obtention en 2015 et 2016 d'un permis de construire en vue d'aménager l'accessibilité du bâtiment ERP (établissement recevant du public) pour les PMR (personnes à mobilité réduite), modifié par l'architecte des bâtiments de France, car le château était inscrit pour la façade et les toitures.

La commune rapportait l'existence de trois instances : le PC initial, le PC modificatif et l'interruption des travaux.

Elle évoquait les besoins d'apaisement et de retour des relations sur de meilleures bases.

La commune était quant à elle représentée, avec délibération préalable conforme au pouvoir d'engagement en médiation, par l'exécutif en place, ainsi que par son prédécesseur qui avait alors présidé aux travaux entre 2015 et 2020 et qui était depuis adjoint au maire[1].

Chaque partie avait son conseil, l'un de Paris l'autre de Poitiers, l'un étant plus au fait des contentieux publics cependant.

Sur la procédure :

Ces litiges devant le TA étaient répartis entre deux requêtes, traitées séparément par le juge administratif en première instance.

La Cour administrative d'appel a procédé à la jonction des dossiers pour un traitement global des problèmes posés.

Le TA avait prononcé ses jugements en octobre 2020, la CAA adressant son ordonnance aux fins de médiation en septembre 2022.

---

[1] Nota : Cette participation faisait l'objet d'une appréciation mitigée chez moi compte tenu de la mésentente persistante entre les parties. Mais elle avait aussi son utilité en termes de connaissance du dossier et d'implication dans la recherche des solutions.

Les parties ont en effet accepté le principe d'une médiation proposée par la Cour dès 2020 pour les consorts D et en 2022 pour la commune. La médiation a été menée fin 2022 et a occupé 5 heures.

Sur la tenue de la médiation :

Classiquement, cette médiation a été menée en deux temps avec le respect des principes qui seront largement évoqués au cours de cette journée, soit, s'agissant du médiateur : son indépendance, sa neutralité, son impartialité, et le respect de la confidentialité.

Chaque partie a été entendue en entretien individuel d'une heure, en présence de son conseil.

Puis, la séance plénière a occupé 3 heures d'affilée, entrecoupée d'apartés, pour aboutir à une solution.

Je précise qu'en qualité de médiateur, je m'applique à respecter un cadre assez strict qui est validé en amont par l'ensemble des parties, mais au sein duquel les médiés ont la faculté de s'exprimer en toute confiance, et avec le respect d'autrui qui est attendu de tous.

Le déroulé d'une médiation s'opère ainsi de la manière suivante ; les faits (« les problèmes ») les besoins (à ne pas confondre avec les demandes), la recherche de solutions et la rédaction, ou non, d'un accord.

Les faits ici ne posaient aucune difficulté, hormis sur leur appréciation. Il convenait donc de centrer les parties sur une appréciation objective de ceux-ci pour pouvoir évoquer leurs besoins permettant ainsi la recherche de solutions.

Les postures de chacun :

Les consorts D supportaient mal de voir leur propriété perdre de son cachet ou perdre le support des souvenirs d'enfance qui y étaient attachés, mais ils souhaitaient récupérer leur bien dans le meilleur état possible, selon leurs vues et le passé familial, avec si possible des indemnités pour compenser leurs préjudices.

La commune qui avait conscience d'avoir peu ou prou évincé les consorts D de leur projet justifiait cette posture par le fait qu'elle prenait seule en charge les frais d'entretien de la partie indivise, ce qui représentait un certain montant annuel, et par le fait que le TA avait validé les permis de construire.

Elle prônait donc la légalité de la procédure pour ne pas trop s'engager dans des négociations financières et proposait le rachat de la cour pour 1 euro symbolique, estimant en supporter l'ensemble des charges. La commune sur la légalité ne se trompait guère puisque, d'après la juridiction de première instance :

« Il est constant qu'un permis de construire peut être délivré à un seul des co-indivisaires d'un même bien », et qu'ainsi, « le fait de ne pas avoir recueilli l'accord de l'indivision D préalablement à la demande et à la délivrance du permis de construire n'est pas de nature à constituer une fraude du pétitionnaire lorsqu'il fournit l'attestation prévue à l'article R. 431-5 du Code de l'urbanisme ou une illégalité de la part du service instructeur ».

Et le tribunal de conclure sur ce point dans sa seconde décision (demande d'interruption des travaux), que :

« La décision attaquée tient au refus implicite du maire de la commune X de faire cesser les travaux sur la parcelle dont il est co-indivisaire avec les consorts D, au motif de l'absence d'accord préalable de celle-ci.

Le présent litige porte donc sur un conflit entre co-indivisaires, lequel relève, en application des dispositions précitées [dispositions du Code civil], de la compétence de la juridiction judiciaire ».

La question portait donc essentiellement, en médiation, non sur la validité du permis de construire et ses suites, mais sur l'éviction des consorts D au stade de la prise de décision des travaux.

La médiation était donc essentiellement réparatrice puisque les travaux étaient achevés.

Les besoins ont été facilement dégagés y compris en phase plénière puisque ceux-ci avaient été listés en entretiens individuels.

Ils ont été entendus assez aisément, et le processus a été déroulé selon des temps d'écoute équitables, malgré les difficultés habituelles (agacements, stress, besoin d'en découdre, etc.).

Et la solution ?

Il a été choisi de lister, sur le même support servant au protocole d'accord, les besoins communs à tous, soit :

- un apaisement et la paix
- une concertation future et en transparence
- la reconnaissance du fait d'avoir été écarté
- de bonnes relations
- de mettre un terme au dossier

Les solutions trouvées ont ainsi été :

- la déclaration de sinistre pour les infiltrations
- la recherche de solutions techniques par une réunion avec l'ABF pour la remise en état du perron chez les consorts D
- si la solution existe, la prise en charge par la commune des frais (raisonnables) de remise en état du perron

Et à terme, le désistement des parties de leurs instances devant la CAA.

En conclusion sur ce dossier :

J'avais là un dossier épineux et très engorgé, car ancien et déjà jugé par le TA (sauf sur ce qui fâchait).

Ce dossier mettait en cause des souvenirs sur plusieurs générations et un manque de respect puis de communication entre les parties. Problématiques qui ont été les plus longues à soulever et à exposer en médiation.

Il convenait de bien délimiter les besoins de chacun qui devaient être parfaitement entendus de tous, sans quoi tous les meilleurs protocoles n'auraient pu aboutir.

À ce jour, les parties se sont rencontrées conformément à leurs engagements et ont recherché des solutions, mais ont conservé une communication assez difficile. Il n'est pas certain que les avocats soient ici très aidants, car il leur est plus difficile de sortir de leur rôle de conseil unilatéral, y compris en médiation, notamment pour procéder aux désistements devant les juridictions.

Sur le fond de ce dossier qui présente cette seconde particularité rarement expresse, le mélange droit privé-droit public, relevé par le TA dans sa seconde décision, se reflétait particulièrement tout le long de la médiation.

Le volet droit public étant principalement évoqué au soutien de la légalité des décisions, d'où sans doute la difficulté d'être désigné comme médiateur par une CAA.

Il m'est apparu assez surprenant que le TA n'ait pas, d'emblée, orienté ce dossier en médiation, même si la solution finalement adoptée par les parties n'aurait pas forcément été différente.

Enfin, pour conclure de manière générale sur le médiateur :

Il reste à mon sens tout à fait possible et même souhaitable au médiateur de discuter avec la juridiction qui le désigne afin de comprendre ses motivations quant au choix du dossier, bien entendu en fonction des rapports qu'il souhaite entretenir avec celle-ci et en demeurant les plus neutres possible.

Il me semble aussi très important d'avoir naturellement du respect pour la mission demandée, mais aussi pour la juridiction, sans servilité aucune, afin de former, le plus naturellement possible, un « partenariat professionnel » avec elle.

Ceci dans la mesure où nous collaborons indirectement, mais de façon certaine au bon fonctionnement du service public, bien que le médiateur demeure totalement statutairement indépendant.

CHAPITRE III

LA MÉDIATION DANS LE CONTENTIEUX ADMINISTRATIF EN BELGIQUE

Par Emmanuel JACUBOWITZ,
avocat spécialisé en droit public, médiateur agréé en matière civile, commerciale, sociale et de médiation avec les pouvoirs publics, membre de la Commission disciplinaire de la Commission fédérale de médiation, formateur et chargé d'enseignement en médiation avec les pouvoirs publics (Université de Mons), coauteur de plusieurs articles en matière de médiation avec les pouvoirs publics ainsi que du « Manuel pratique – Médiation et autorités publiques » (2019), membre du Comité de rédaction du « Journal des modes alternatifs »

Résumé

La médiation juridictionnelle avec les pouvoirs publics n'est possible en Belgique que depuis une loi du 18 juin 2018. L'auteur résume la portée de cette loi en ce qu'elle s'applique aux personnes morales de droit public dans le contexte institutionnel belge et donne un aperçu de la pratique de la médiation en Belgique.

1. Le cadre général

D'après la Commission européenne pour l'efficacité de la Justice (CEPEJ), la médiation en matière administrative peut prendre trois formes : la médiation institutionnelle, la médiation conventionnelle et la médiation juridictionnelle. La CEPEJ définit ces trois types de médiation comme suit :

« La médiation institutionnelle est un processus mené par un médiateur institutionnel, généralement issu de l'administration ou ayant le statut d'un ombudsman. Elle permet de résoudre une très large palette de différends qui ne se limitent pas aux litiges administratifs au sens strict (ceux dont le règlement incombe à une juridiction). Elle permet de régler des conflits qui procèdent d'une "maladministration".

La médiation conventionnelle est mise en œuvre lorsque les parties à un conflit décident de solliciter un tiers médiateur pour que celui-ci les aide à trouver une solution à leur conflit.

La médiation juridictionnelle ou parajuridictionnelle s'inscrit dans le cadre d'un procès pour résoudre un litige administratif. La juridiction a déjà été saisie d'un recours, mais les parties décident entre elles d'entrer en médiation ou bien le juge les invite à le faire. Dans ce cas, la procédure juridictionnelle est interrompue pour laisser place au processus de médiation. »[1]

Ces trois formes de médiation sont connues et pratiquées en Belgique, mais avec quelques nuances.

2. Le contexte belge

Dans le contexte des IXes assises internationales de la médiation et du 20e anniversaire de GEMME, nous n'aborderons pas la médiation institutionnelle.

Pour comprendre l'organisation de la médiation juridictionnelle en Belgique, il faut, tout d'abord, savoir que le pouvoir judiciaire y est divisé en trois organisations juridictionnelles distinctes, à savoir :

- Les cours et tribunaux de l'ordre judiciaire (en ce compris la Cour de cassation),
- Les juridictions administratives (en ce compris le Conseil d'État) et
- La Cour constitutionnelle.

---

[1] CEPEJ : "Promouvoir la médiation pour régler les différends de nature administrative au sein des États membres du Conseil de l'Europe", 7 décembre 2022 (https://rm. coe. int/cepej-2022-11-promotion-de-la-mediation-administrative-fr-adopte/1680a95693).

En résumé l'on peut dire que les cours et tribunaux de l'ordre judiciaire sont compétents pour trancher les litiges concernant les droits subjectifs des justiciables, en ce compris les litiges avec les pouvoirs publics, que les juridictions administratives sont compétentes pour juger de la légalité des actes administratifs dans le contexte du contentieux dit « objectif » et que la Cour constitutionnelle est compétente pour juger de la constitutionnalité des normes législatives adoptées par les différentes assemblées législatives que compte l'État fédéral belge. [2]

Ensuite, il faut savoir qu'en Belgique la médiation est organisée par le Code judiciaire[3], lequel, sauf exception, ne s'applique qu'aux procédures menées devant les cours et tribunaux de l'ordre judiciaire.

Ainsi un grand pan du contentieux administratif – presque[4] tout le contentieux de la suspension et de l'annulation des actes administratifs – échappe au champ d'application de la médiation.

Du coup, si la médiation conventionnelle reste possible, même pendant une procédure devant le Conseil d'État, cette médiation est dépourvue des garanties qu'offre le Code judiciaire, en particulier :

- La suspension des délais de prescription et des procédures,
- La confidentialité légalement protégée et
- La possibilité de faire homologuer l'accord de médiation.

---

[2] La Belgique fédérale compte pas moins de neuf législateurs (chacun dans les matières qui relèvent de ses compétences), à savoir le parlement fédéral, le parlement de la Communauté flamande, le parlement de la Communauté française, le parlement de la Communauté germanophone, le parlement de la Région flamande, le parlement de la Région de Bruxelles-Capitale, le parlement wallon, le Conseil réuni de la Commission communautaire commune de la Région de Bruxelles-Capitale et le Conseil de la Commission communautaire française de la Région de Bruxelles-Capitale.

[3] Articles 1723/1 à 1737 du Code judiciaire belge.

[4] À l'exception du contentieux des permis d'urbanisme et d'environnement en Région flamande qui relève de la compétence d'une juridiction administrative particulière – le Conseil du contentieux des permis –, au sein duquel des médiations sont organisées sous l'égide du greffier du Conseil.

Le Code judiciaire belge distingue la médiation extrajudiciaire (conventionnelle) de la médiation judiciaire (juridictionnelle).

La médiation judiciaire avec une personne morale de droit public n'est possible que depuis l'entrée en vigueur d'une loi du 18 juin 2018. Cette loi du 18 juin 2018 définit la médiation comme « un processus confidentiel et structuré de concertation volontaire entre parties en conflit qui se déroule avec le concours d'un tiers indépendant, neutre et impartial qui facilite la communication et tente de conduire les parties à élaborer elles-mêmes une solution »[5].

L'article 1724 du Code judiciaire belge, modifié par la loi du 18 juin 2018, dispose que :

« Tout différend de nature patrimoniale, transfrontalier ou non, y compris les différends impliquant une personne morale de droit public, peut faire l'objet d'une médiation.

Les différends de nature non patrimoniale susceptibles d'être réglés par transaction ainsi que les différends visés à l'article 572bis, 3°, 4°, 6° à 10° et 12 à 15° et les différends découlant de la cohabitation de fait peuvent aussi faire l'objet d'une médiation. ».

La rédaction de cette disposition est maladroite et malheureuse. Elle donne effet l'impression que les différends de nature non patrimoniale impliquant une personne morale de droit public, ne peuvent pas faire l'objet d'une médiation, ni judiciaire ni conventionnelle. Certains acteurs de terrain ont déjà soulevé cette objection pour justifier leur refus de participer à une médiation conventionnelle dans un différend de nature non patrimoniale avec un pouvoir public.

L'analyse des travaux parlementaires montre toutefois que tel n'était pas le but du législateur. [6]

À tout le moins certains[7] juges ne s'y trompent pas non plus et n'hésitent pas à envoyer les parties en médiation

---

[5] Article 1723/1 du Code judiciaire belge.

[6] E. Jacubowitz et C. Caillet, : "Actualités du contrôle de l'administration à travers la médiation processuelle", in D. Renders, *Actualités du contentieux administratif*, C. U. P., Liège, Anthemis, 2020, p. 310-324.

[7] L'auteur en a fait l'expérience mais ne peut pas se prononcer de manière générale.

juridictionnelle, même lorsqu'une des parties est une personne morale de droit public et que le différend n'est pas (entièrement) de nature patrimoniale.

La médiation avec un pouvoir public n'est pas toujours possible et elle nécessite certaines précautions,[8] mais elle est néanmoins adaptée à un grand nombre de situations. Les contentieux de la responsabilité des pouvoirs publics, de l'exécution des marchés publics, du licenciement des contractuels de la fonction publique ainsi que de l'environnement et de l'urbanisme, sont, à notre avis, les terrains les plus fertiles de la médiation administrative en Belgique.

Tout en étant encore marginale, particulièrement avec les pouvoirs publics, la pratique de la médiation en Belgique connaît une évolution positive qui laisse entrevoir de belles perspectives. [9]

Tous les espoirs sont donc permis !

---

[8] V. TILMAN et E. JACUBOWITZ, *Médiation et autorités publiques — Manuel pratique*, KnopsBooks. com, Herentals, 2019, 89 p.

[9] Une médiatrice à temps plein confiait récemment à l'auteur pratiquer majoritairement des médiations avec des pouvoirs publics.

PARTIE IV

QUELQUES PRATIQUES DE MÉDIATION DANS LE MONDE

INTRODUCTION

Alain DUCASS,
consultant, coach et médiateur,
rédacteur de l'Afrique-Médiation-Info,
président des Semaines eurafricaines
de la médiation et du changement (SEAM),
membre du conseil d'administration du CIM.

Les orateurs des conférences et des tables rondes précédentes ont magnifiquement décrit et illustré les spécificités et les avances de la médiation en Europe, à l'occasion des vingt ans du GEMME, et nous leur en sommes tous reconnaissants.

Cependant, l'Europe ne représente que 10 % de la population mondiale. Pour élargir le débat, j'ai le grand honneur et la grande joie d'animer cette table ronde sur les pratiques de médiation dans le monde. Elle a été conçue et montée par le Conseil international de la médiation, fondé et présidé par notre chère Béatrice Brenneur, et sponsor de ces assises.

Je ne mentirais pas en disant que la médiation européenne s'est fortement inspirée de la médiation nord-américaine et notamment des Canadiens représentés ici par l'honorable Louise Otis. Avec ce demi-continent, nous restons cependant dans le monde occidental, dont l'anthropologie est très axée sur la liberté individuelle, marquée par la Déclaration universelle des droits de l'homme.

Même si elle commence à diffuser ailleurs, cette vision reste toutefois minoritaire dans le monde, sachant que la composante communautaire domine encore majoritairement en Asie, en Afrique, en Amérique latine et en Océanie. Pour nous en faire une idée, nous avons la joie d'accueillir ici Me Thi My Hanh

Ngo Folliot d'Asie ainsi que Mohamed El Ghorfi d'Afrique du Nord, Félix Tobin et peut-être Michel Tchicaya d'Afrique Subsaharienne.

Comme nous l'expérimentons le 19 de chaque mois dans les palabres de la médiation agile menées en partenariat avec le CIM, nous avons besoin de cette ouverture des autres continents. Il importe en effet que la médiation sorte de l'aire des 10 % les plus riches qui détiennent 75 % des richesses mondiales, et qu'elle atteigne les milliards de personnes qui, en occident et ailleurs, n'ont pas les moyens de rémunérer un médiateur.

Place maintenant aux orateurs de la table ronde.

CHAPITRE I

EN AFRIQUE

Mohammed EL GHORFI,
médiateur et arbitre international
Vice-président du Conseil international de la médiation (CIM)

I. MAROC : « LA MÉDIATION COMMERCIALE AU ROYAUME DU MAROC »

La médiation au Maroc est très ancienne et a évolué dans sa mouture traditionnelle jusqu'au début du siècle dernier. Le Maroc est l'un des rares pays arabes et musulmans à avoir opté pour la médiation conventionnelle permettant ainsi à la médiation commerciale d'évoluer de manière volontaire et consensuelle à la recherche de solutions innovantes rapides et à moindre coût en lieu et place du contentieux judiciaire. Le cadre légal actuel est parfaitement en phase avec les lois et règlements internationaux pour instaurer la confiance et rassurer les opérateurs économiques. Poursuivant la maturité du cadre incitatif des investissements, le Maroc a voté en juin 2022 une nouvelle loi sur la médiation conventionnelle (complétant celle de 2 007) très attendue par la communauté des affaires qui a apporté un certain nombre d'avancées notamment la dissociation de ses dispositions du Code de procédure civile.

La médiation commerciale organisée par des médiateurs formés à cet effet dans des centres de médiation a séduit différents types d'entités commerciales par sa flexibilité et sa confidentialité. Présentement, la médiation commerciale est en train de s'ériger comme levier de développement des investissements productifs. Ce mode de résolution de plus en plus prisé par les justiciables est venu parachever l'édification de tout un écosystème tendant à l'amélioration du climat des affaires et offrant la sécurité juridique comme préalable fondamental des investisseurs étrangers.

Le fonctionnement des Entreprises commerciales est jalonné de différends, de désaccords et de situations conflictuelles. Pour contourner les procédures judiciaires longues et coûteuses, les opérateurs économiques sont séduits par la médiation commerciale. Ce mode de résolution a ses propres caractéristiques et répond aux vertus de la confidentialité, de la flexibilité et de l'écoute attentive des parties. Le but étant d'atteindre rapidement une solution négociée que le Médiateur, s'ingénie en toute neutralité à la faire émerger des parties elles-mêmes qui suivent de près le processus de médiation.

Au niveau de l'ensemble des intervenants, il est constaté que l'augmentation des différends va de pair avec le développement des investissements productifs, ce qui a amené les opérateurs économiques à s'adapter aux nouvelles exigences du commerce à l'échelle nationale et internationale. Ainsi il a fallu recourir progressivement à ce mode alternatif de résolution amiable qui mobilise l'intelligence collective pour bien accompagner les parties et apaiser les conflits qui les opposent.

Dans le but d'accompagner ces opérateurs économiques et résoudre leurs différends, les Médiateurs faisant preuve d'empathie et de pragmatisme remontent généralement au fait générateur des conflits, ce qui est tout à fait différent de l'approche des juges. En déroulant les étapes des différends avec les enjeux respectifs qui en découlent, les Médiateurs agissent dans un rapport de confiance avec les parties, gèrent leurs émotions et facilitent la reprise du dialogue interrompu. Ils essaient d'apporter en toute neutralité, l'éclairage nécessaire sur les pistes de réflexion pouvant mener rapidement les parties à la conclusion d'un accord transactionnel. La signature de ce dernier met un terme au processus de médiation commerciale, qui en principe a dû dissiper au préalable tous les malentendus, entraves et obstacles éventuels pouvant surgir entre les parties.

Bâti sur une importante notion socioreligieuse « la Réconciliation », ce mode de règlement amiable des différends n'est pas nouveau dans les traditions et coutumes séculaires de la société marocaine. La dimension historique et philosophique de la médiation dans le monde musulman (dont le Maroc) est développée dans notre livre collégial publié en France en avril 2022 (sous l'égide du CIM) auquel j'ai eu l'honneur d'y participer en traitant le volet « Islam et médiation ». Cet ouvrage ne se veut pas un outil de travail exposant le processus et évolutions techniques de la médiation, mais traite essentiellement « les sources spirituelles de la médiation » au niveau des trois religions monothéistes.

La médiation au Maroc ne recèle pas de mécanismes importés. Elle est fortement ancrée dans les différentes strates du tissu socio-économique et était exercée comme une forme de « conciliation traditionnelle et coutumière » basée sur des concessions de part et d'autre. La médiation était conduite par des sages (Chef de famille, Chef de tribu, Imam, Autorité religieuse, Juge, Amine de la profession, commerçant jouissant de notoriété et de probité, choisi par ses pairs et le Mohtasseb, autorité nommée parmi les sages de la cité pour réguler le commerce et faire respecter ses règles), d'où elle tire aujourd'hui toute sa légitimité. Le débat qui a toujours animé les juristes, hommes de lettres et autorités religieuses, en amont de la naissance des lois, était de voir dans quelle mesure on pouvait faire évoluer et de manière concertée, ces traditions en leur donnant un habillage juridique souple et moderne afin de faciliter leur diffusion harmonieuse dans le paysage socio-économique.

En raison de ces formes traditionnelles de résolution amiable des conflits vécues jusqu'à l'apparition de la judiciarisation au début du siècle dernier, le législateur a dû en intégrer plusieurs notions dans le corpus juridique marocain. Ces notions étaient déjà perceptibles dans leurs grandes lignes au niveau du Dahir des obligations et contrats du 12 août 1913 (chapitre XV). Six décennies après, le Maroc s'est doté d'un cadre légal avec la promulgation le 28 septembre 1974 du Code de procédure civile (chapitre VIII), ensuite une loi sur la médiation conventionnelle et l'arbitrage est venue le 27 novembre 2007 qui fut complété récemment par une nouvelle loi relative à la médiation conventionnelle et l'arbitrage publié le 13 juin 2022. Cette dernière loi a eu la faveur d'apporter une avancée remarquable en l'occurrence la dissociation de ses dispositions du Code de procédure civile.

Ce nouveau texte législatif très attendu par la communauté des affaires accompagnant la politique d'ouverture économique engagée par le Maroc est fondé sur les principes d'une procédure consensuelle et confidentielle avec un double objectif : impartialité et équité des solutions acceptées par les parties. Cette loi offrant une garantie majeure aux investisseurs nationaux et étrangers contient des dispositions compatibles avec les conventions internationales et lois en la matière.

Les opérateurs économiques avisés ont tout intérêt à recourir à la médiation commerciale en raison de sa flexibilité et les conditions de sa mise en place, car elle peut intervenir à tout moment et à toutes les étapes du différend même après le déclenchement d'une procédure judiciaire.

Le processus de la médiation commerciale ayant fait l'objet au préalable d'une convention ou compromis de médiation, doit être finalisé par un protocole transactionnel intervenant après trois mois, renouvelable une fois, sous la triple signature des médiés et du médiateur (volonté délibérée du législateur marocain d'impliquer le Médiateur).

Ce protocole peut faire l'objet d'exequatur du tribunal, dans un délai de sept jours. Après son retour de la juridiction compétente qui n'est pas habilitée à statuer sur le fond, la transaction (si conforme à l'ordre public), revêtira désormais le caractère d'une décision judiciaire exécutoire avec l'autorité de la chose jugée en dernier ressort.

Notons que depuis quelques années, le Maroc a vu l'apparition de centres de médiation spécialisés dans la résolution des litiges relevant de différents secteurs économiques (banques, assurances, régies de distribution, BTP, grands offices, chambres de commerce, etc.) sans oublier d'autres secteurs vitaux de la vie sociale (statut personnel, législation du travail, volet santé, etc.) et c'est précisément cette médiation sectorielle qui a contribué au lancement de la médiation conventionnelle dans toutes ses formes.

Ce lancement tracté par les secteurs économiques les plus structurés de l'économie nationale est en train d'attirer progressivement les autres secteurs de la consommation. En raison de cette prédisposition, l'effort à faire en continu demeure l'apprentissage de la médiation appuyé par une communication citoyenne à large spectre, à même de stimuler le changement culturel, car les mentalités n'évoluent pas à la même vitesse que les pratiques de la médiation commerciale.

L'exercice de ce mode de résolution des conflits auprès des justiciables (médiation ad hoc ou médiation institutionnelle) a besoin d'un soutien durable en terme, de formation et de sensibilisation.

Le dénouement favorable attendu des médiations dépend non seulement des qualités morales intrinsèques des médiateurs, mais également de leur formation et de leur expérience sans qu'ils soient obligatoirement spécialisés dans les secteurs d'activité dans lesquels ils sont appelés à conduire des médiations. Le choix du médiateur n'est pas anodin pour les parties. Certains différends particuliers nécessitent une maîtrise parfaite des modes opératoires et une expertise pointue.

Les relations commerciales internes et externes étant devenues ce qu'elles sont de nos jours, la sagesse légendaire du médiateur d'antan à elle seule ne suffit plus ; elle doit être impérativement accompagnée de la connaissance des techniques modernes de la médiation, pour une réussite à la hauteur des attentes des parties en litige.

Globalement, la médiation commerciale, tout en gardant sa dimension humaine, a connu des résultats probants sur le terrain pour un certain nombre d'activités commerciales et de services et dont il y a lieu de vanter les mérites auprès des opérateurs économiques de tout bord.

En cas d'échec de la médiation commerciale et en vertu des dispositions de la loi, le médiateur est tenu de dresser un procès-verbal à remettre aux parties, dûment signé et dans les délais impartis, ou au tribunal qui aurait suspendu une procédure judiciaire en cours, et ce, pour laisser le juge reprendre la main à nouveau.

Le Maroc est l'un des rares pays arabes et musulmans à avoir voté une loi relative à la médiation conventionnelle avant de penser mettre en place celle de la médiation judiciaire dans une phase ultérieure. De nos jours la médiation conventionnelle dispose d'un cadre légal souple et moderne. Pour résoudre les différends, les médiateurs avec leur savoir-faire et ayant reçu la formation de base requise, constituent la pièce maîtresse de tout le dispositif de médiation. Quant à l'avocat en tant que partie prenante de ce microcosme, il est appelé à changer de paradigme dans sa pratique quotidienne, enrichir sa prestation souhaitable aux côtés des parties, stimuler sa créativité en optant pour une solution négociée. Sa stratégie devrait être façonnée sous le prisme de la « complémentarité » offerte par ce mode de résolution amiable.

À la différence du recours judiciaire, la médiation commerciale présente plusieurs avantages, notamment :

- La reprise rapide des relations commerciales entre les parties une fois que l'assainissement des relations d'affaires interrompues est accompli. Le Médiateur ne décrète pas de décision, comme le fait l'arbitre, sa mission est d'aider les parties en toute impartialité et confidentialité à les faire adhérer à la solution de compromis acceptée moyennant une transaction, pour aplanir définitivement le différend ;
- Les engagements pris par les parties dans le cadre du protocole transactionnel sont immédiatement exécutoires. Cela doit se faire théoriquement sans en référer à une quelconque autorité ou entité ;
- Certains litiges complexes n'étant pas adaptés aux procédures judiciaires et demeurés en instance, peuvent être repris et résolus avec l'accord des parties, par la médiation commerciale.

Tout en préservant objectivement son objet, la médiation commerciale pourrait être perçue également comme un levier de développement des investissements productifs. Cette approche appréciée à sa juste valeur pourrait voir ce mode de résolution amiable de plus en plus prisé par les opérateurs économiques.

À l'instar d'un certain nombre de pays européens, la fonction du médiateur au Maroc est différente de celle du conciliateur.

Avec ses avancées législatives, le nouveau texte sur la médiation conventionnelle et l'arbitrage est venu parachever l'édification progressive de tout un écosystème, tendant à l'amélioration du climat des affaires au Maroc offrant aux investisseurs, la sécurité juridique comme préalable fondamental, à l'acte d'investir.

II. TUNISIE : « La médiation en Tunisie : Un rêve qui a hâte de se réaliser »

Par **Saïda CHEBILI**,
ancienne présidente de tribunal de grande instance
de Sousse (Tunisie), Fondatrice et présidente
de l'Association Tunisienne des Femmes juges entre 2016-2019,
fondatrice de l'Union arabe des magistrats, Fondatrice et présidente
de l'Association tunisienne de Médiation.

Malgré les exploits réalisés en matière de législation et l'arsenal juridique relativement étoffé, le système judiciaire tunisien reste peu performant en termes de résolution, de gestion et de suivi des dossiers juridiques. Cela est dû d'une part à la charge colossale du travail quotidien imposée aux magistrats qui entrave leur efficience et les empêche de développer leurs manières d'agir professionnelles. D'autre part, à la quasi-absence de pratiques alternatives confirmées de résolution de conflits et à la non-institutionnalisation de ces modes hors de l'approche classique de l'intervention judiciaire.

Nous tenons à remarquer que la législation tunisienne en matière de modes alternatifs de règlement des différends demeure très insuffisante, à l'exception de l'arbitrage bénéficiant d'un encadrement législatif bien spécifique à la suite de la promulgation du Code de l'arbitrage par la loi n° 42 en date du 26 avril 1993. Les textes relatifs aux autres MARC cités dans ce qui suit sont de niveaux et de domaines différents allant d'une loi à une disposition et du droit du travail à la réglementation des marchés publics ou encore à la protection de l'enfance.

À titre d'exemple, nous citons le médiateur administratif créé par le Décret n° 1992-2143 du 10 décembre 1992 qui fixe les prérogatives du médiateur administratif et son domaine d'intervention. Ce médiateur assure la médiation entre le citoyen et l'administration afin de trouver des compromis entre les parties jouissant d'une autonomie financière et titulaire de pouvoirs étendus. Nous citons également les textes relatifs à la médiation pénale en matière d'infractions commises par les mineurs dans le Code de protection de l'enfance et la médiation en matière familiale. Les textes relatifs à la conciliation sont aussi nombreux nous en citons ceux en matière d'assurance, d'entreprises en difficultés ou encore en matière commerciale, prud'homale, en Sécurité sociale, en code personnel... Nous trouvons aussi des textes relatifs au règlement amiable dans plusieurs domaines notamment en matière d'accidents de travail, d'activité postale, de concurrence de prix...

La législation relative à la transaction dans différents domaines est une autre forme de ces modes alternatifs de gestion des conflits. Nous la trouvons dans plusieurs textes législatifs, tels que le ceux relatifs à la transaction en matière de consommation, en matière fiscale, en matière de justice transitionnelle... La liste n'est guère exhaustive et s'apprête à un enrichissement suscité par le besoin éminent surtout en matière de médiation.

En Tunisie, la pratique de la médiation demeure à l'état embryonnaire et très peu répandue, et ce en raison des enjeux et défis que rencontrent les médiateurs et les juges qui la prônent. En effet, le nombre extrêmement limité des médiateurs qualifiés décourage les juges à préconiser la médiation aux parties. Ce nombre limité est dû à l'absence de structures de formation continue diplômante en médiation reconnues et à l'absence de cursus de formation initiale universitaire ou autre en la matière.

Parmi les défis contraignant la promotion de la médiation en Tunisie, nous trouvons le manque de vulgarisation de cette pratique, pas uniquement au niveau du grand public, mais également au niveau des professionnels de la justice. Ces derniers ont du mal à l'accepter et à la mettre en œuvre en l'absence d'une stratégie gouvernementale claire pour son institutionnalisation. Le retard de l'élaboration d'une loi spécifique à la médiation constitue à lui aussi un autre défi à relever.

Malgré ce contexte complexe et varié, notre association est plus qu'enthousiaste pour faire évoluer les choses et surmonter les obstacles entravant le développement de la médiation en Tunisie. Nous essayons de saisir toutes les opportunités qui se présentent pour développer notre expérience et savoir-faire en matière de promotion de ce domaine.

Description de la situation actuelle :

En regardant de plus près nos pratiques judiciaires afin de mieux les analyser et identifier nos besoins pour pouvoir contribuer à améliorer la situation nous pouvons évoquer les problèmes suivants :

- Une défaillance et inefficacité flagrante dans la mise en œuvre des textes de loi existants.
- Une totale confusion entre les concepts et les notions relatives aux modes alternatives de règlement de conflits chez les différents intervenants.
- Un manque d'effectif que ce soit au niveau du personnel judiciaire ou au niveau des médiateurs ce qui entrave l'efficience de tout le système judiciaire.
- Une logistique défaillante au niveau de la qualité ainsi que la quantité. En effet dans certains tribunaux les locaux, les équipements, le matériel sont manquants et ne facilitent point le travail des juges et de leurs collaborateurs.
- Une quasi-absence de programme officiel de formation continue ou de renforcement de capacités orientées vers la médiation et les autres modes alternatifs de règlement de conflits. Ce domaine reste tributaire des initiatives personnelles et à la demande des plus motivés et dévoués.
- Un manque de professionnalisme des intervenants judiciaires en l'absence de tout programme sérieux de professionnalisation.

L'identification de ces différents problèmes nous conduit à l'élaboration d'un éventail de besoins qu'il faut impérativement les prioriser pour qu'on soit en mesure à les subvenir. Cela nous aidera à promouvoir la médiation en Tunisie et appuyer les efforts du gouvernement tunisien pour mettre en place une stratégie de modernisation de la justice.

Nous avons besoin de développer ; les points suivants :

- Améliorer les compétences et l'expérience des médiateurs membres de notre association afin d'aider à la promotion de la médiation et sa vulgarisation.

- Élargir notre réseau de partenariat et de coopération avec des partenaires nationaux et internationaux afin d'améliorer nos interventions en termes de promotion de la médiation.
- Concevoir un référentiel de compétences métiers pour les médiateurs tunisiens
- Concevoir et mettre en œuvre une formation initiale et continue des médiateurs afin de les doter de compétences professionnelles requises pour des services de qualité.
- Renforcer et enrichir l'arsenal juridique en matière de médiation en aidant à promulguer une loi spécifique en la matière et à élaborer et promulguer le statut de médiateur.
- Promouvoir la représentation sociale de la médiation et son application auprès du grand public
- Vulgariser la culture de la médiation et la rendre accessible aux différents intervenants
- Faire une acculturation en matière de médiation et des notions voisines auprès des professionnels judiciaires.
- Avoir une base de données exploitable qui renseigne sur l'application des modes alternatifs de règlement de conflits aux tribunaux tunisiens.
- Avoir un diagnostic ou un état des lieux de la situation des médiateurs actifs en Tunisie, leurs profils et leurs compétences professionnelles en les évaluant aux normes et exigences internationales en la matière.
- Mettre en place un mécanisme de suivi et d'évaluation au sujet de l'application de la médiation dans le pays, et ce en collaboration avec nos partenaires.

L'association tunisienne de médiation est la première association créée pour promouvoir la médiation et travail depuis des années pour mettre les premières graines sur le terrain en travaillant pour changer les mentalités et faire de la médiation avant tout un art de vivre…

III. ESPACE OHADA :
LES AVANCÉES DE LA MÉDIATION

Par **Michel TCHICAYA**,
avocat, médiateur diplômé et arbitre,
directeur du Centre de Recherche
et de Formation professionnelle à la médiation,
l'arbitrage et la négociation (CERFOPMAN)
de l'Université Catholique de l'Afrique de l'Ouest (UCAO. UUA),
Abidjan, Côte d'Ivoire.

Par médiation, il faut entendre tout processus dans lequel les parties demandent à un tiers de les aider à régler amiablement un différend.

En Afrique, depuis une décennie, nous parlons de médiation moderne ou « médiation académique ». Elle se distingue de la médiation traditionnelle africaine bien qu'elles soient proches.

Quel est le bilan de cette médiation moderne dans l'espace OHADA (l'Organisation pour l'Harmonisation en Afrique du Droit des Affaires) ? La réponse à cette préoccupation nous conduira à examiner :

- La pratique de la médiation sous le régime des législations nationales ;
- La pratique sous l'Acte Uniforme relatif à la médiation adopté le 23 novembre 2017 à Conakry en Guinée et qui est rentré en vigueur le 23 février 2018.

Par une définition globale et générale par rapport aux autres modes de résolution des différends, nous choisissons de rappeler la définition selon laquelle par médiation, il faut entendre tout processus dans lequel les parties demandent à un tiers de les aider à régler amiablement un différend.

En Afrique, depuis un peu plus d'une décennie, nous parlons beaucoup de médiation moderne que nous appelons parfois médiation académique. Elle n'est pas à confondre avec la médiation traditionnelle africaine bien qu'elles soient toutes les deux proches.

Quel bilan en quelque sorte, peut-on faire de cette médiation moderne, depuis qu'elle est pratiquée dans l'espace OHADA qui est l'Organisation pour l'Harmonisation en Afrique du Droit des Affaires ? Autrement dit, quelles sont les avancées de la médiation dans l'espace OHADA ? On ne peut pas aborder cette question ainsi posée sans faire en quelque sorte ce que l'on pourrait appeler la part des choses.

Dès lors, la réponse à cette préoccupation nous conduira pour une meilleure compréhension à examiner :

- La pratique de la médiation sous le régime des législations nationales ;
- La pratique sous l'Acte Uniforme relatif à la médiation adopté le 23 novembre 2017 à Conakry en Guinée et qui est rentré en vigueur le 23 février 2018.

1. Sous le régime des législations nationales

Pour des raisons de concision, nous ne retiendrons que les cas du Burkina Faso et de la Côte d'Ivoire :

A- La Loi du 17 décembre 2012 partant médiation en matière civile et commerciale au Burkina Faso : Elle a pour objet la médiation en matière civile et commerciale au Burkina Faso et vise à faciliter le recours à la médiation pour résoudre le litige d'ordre contractuel dans les matières civiles et commerciales.

B- La Loi n° 2014-389 du 20 juin 2014 relative à la médiation judiciaire et conventionnelle en Côte d'Ivoire. Elle institue un processus de médiation en matière civile et commerciale en définissant la médiation comme un mode alternatif de règlement de litiges pour lequel, deux ou plusieurs parties tentent de parvenir à un accord en vue de la résolution amiable de leur différend, avec l'aide d'un tiers, le médiateur, choisi par elles ou désigné, avec leur accord, par le juge saisi du litige.

C'est la période du grand tâtonnement en la matière, face à quelque chose de nouveau qui était diversement apprécié par les uns et les autres. La tendance générale était une préférence pour la justice étatique au détriment de la justice alternative.

La période qui suivra celle des législations nationales va-t-elle améliorer les choses ? La médiation connaîtra-t-elle des avancées ?

2. Le régime de la loi supra nationale : l'acte uniforme de l'ADA relatif à la médiation

Les 17 États membres de l'OHADA se sont réunis à Conakry en Guinée et ont adopté le 23 novembre 2017 l'Acte Uniforme relatif à la Médiation (AUM) qui est entré en vigueur le 15 mars 2018 et fut publié, au Journal officiel de l'OHADA du 15 décembre 2017. Il constitue après l'acte uniforme relatif à l'Arbitrage, le 10e texte de droit uniforme adopté par l'OHADA et constitue avec l'arbitrage, les modes amiables actuels de règlement de différends. Ce texte dans l'esprit du législateur communautaire vient pallier le vide législatif qui existait dans la plupart des États membres de l'OHADA en ce qui concerne les modes amiables.

Depuis son entrée en vigueur jusqu'à ce jour, ce texte inspiré de la loi type du CNUDCI sur la conciliation commerciale internationale a-t-il connu des avancées dans son application et dans la vie des justiciables dans l'espace OHADA ?

La réponse est mitigée pour la simple raison qu'il manque une véritable volonté politique accompagnatrice. Certains États se sont contentés de l'Acte Uniforme tandis que d'autres, poussés par des médiateurs, ont pris sans plus, des textes accompagnateurs pour mieux faire connaître la médiation. C'est le cas de la Côte d'Ivoire.

Il faut aussi noter un aspect important, c'est l'attitude du pouvoir judiciaire vis-à-vis de ce mode de règlement de litige qu'est la médiation. Les juridictions sont très peu enclines à ordonner des médiations. Sur ce point, pour le cas de la C. I, une collaboration entre le GEMME et le GIMME (Groupement ivoirien des magistrats pour la médiation) serait une piste qui pourrait aider.

La promotion de la médiation tient aujourd'hui en grande partie non pas à la médiation ordonnée par les tribunaux et cours à savoir la médiation judiciaire, mais à l'action de promotions et de vulgarisation des médiateurs eux-mêmes à travers la création d'associations, de diverses structures de médiation mettant en exergue la médiation conventionnelle.

En somme, le chemin à parcourir pour aboutir à de véritables avancées de la médiation dans nos États est encore long. Cette défaillance est heureusement palliée par la médiation traditionnelle africaine qui est imprégnée des valeurs et cultures des terroirs.

IV. CÔTE D'IVOIRE : « PRATIQUE DE LA RÉSOLUTION DES CONFLITS : UN CAS EN CONTEXTE IVOIRIEN »

Par **Félix TOBIN,**
président de l'association BRIDGE, membre de l'association des médiateurs diplômés professionnels de Côte d'Ivoire (MEDIP-CI), « La médialabre ».

La matière de l'intervention est un fait vécu, en l'espèce un conflit familial. Un couple s'est noué, a subi l'épreuve de l'infertilité, ce qui a entraîné sa dislocation, suivie d'une tentative avortée de reconstitution.

En passant en revue la trame de cette histoire réelle, il sera possible de découvrir différents aspects sous-jacents à la relation de couple dans cet espace : la stigmatisation de genre (l'infertilité d'un couple d'emblée imputée à la femme ; la gestion de l'appartenance à une communauté ; la confidentialité, l'impartialité et la conscience du temps.)

Venant sur la fin des assises internationales 2023 de la médiation, pour éviter de répéter ce qui a été exposé par maints orateurs, ce que je retiens personnellement en résumé de cette série de discours, tous aussi instructifs et engagés les uns que les autres et pour me résumer, et que j'emporte dans mes bagages tient en trois points. Ce sont les suivants :

- La justice peut être plus proche des citoyens, pas seulement par la distance physique, mais en collant plus à leur vécu et leurs préoccupations de justiciables. Nombreux sont les pays où les dispensateurs de la justice – ou des injustices – et les justiciables vivent dans des mondes parallèles, et la barre à laquelle sont appelés les accusés est une frontière étanche.
- Que la justice peut être de ce fait plus humaine. Peut-être faudrait-il dire tout simplement « humaine », au lieu d'être une machine froide, implacable et rigide, qui ne connaît que des faits (mais qu'est-ce qu'un fait ?), le droit (édicté par qui pour qui ?) et des sentences.
- Que même dans l'espace européen, celui du GEMME (France, Grèce, Italie, Royaume-Uni, Belgique, Roumanie), la médiation est multiforme et continue de s'inventer au fil des

années et des décennies. Pour ne rien dire de ce qu'il peut en être sous d'autres cieux, dont les Afriques (Égypte, Maroc), le continent nord-américain (États-Unis, Canada/Québec), l'Asie (Vietnam, Japon, Chine). Et que ces développements s'observent aux niveaux tant national, supranational ou au-delà.

Ce qui m'a étonné c'est que la justice peut même être protectrice et participer au développement personnel du justiciable. Non seulement elle le peut, elle le doit.

Je me souviens à cet égard du cas des détenus brésiliens ou argentins pouvant bénéficier d'une réduction de peine pour un quantum de temps en fonction d'un ouvrage lu en prison.

Ce que j'apporte sur la pratique de la résolution des conflits dans l'Afrique traditionnelle, et même dans l'Afrique contemporaine où elle se perpétue, je vais le puiser aux sources d'un fait réel.

Une histoire africaine

Voici une histoire vécue que je résume.

Le lieu :

Lakota, une localité de taille moyenne située au centre-sud de la Côte d'Ivoire, chef-lieu de préfecture, dotée des infrastructures administratives, commerciales, éducatives de base.

La période ?

Les années 1990

Les acteurs ?

Un couple : lui, Bertin, menuisier de son état, petit patron qui s'est attaché les services d'un collaborateur, Abou ; elle, Suzy, jeune et attrayante. Ils sont mariés selon le droit coutumier depuis quelques années.

Le casus belli :

Suzy n'a pas pu donner d'enfant à Bertin. Il s'est entiché de la fille de son collaborateur. Celle-ci tombe enceinte et donne naissance à un joli bébé. Ce qui vient conforter dans l'esprit de Bertin et de sa famille l'idée déjà ancrée chez eux que l'infertilité du couple Bertin-Suzy est à imputer à Suzy.

La preuve du contraire : André, opérateur économique prospère de la ville s'éprend de Suzy, qu'il prend comme épouse. Surprise, Suzy va concevoir et aller jusqu'à lui donner des jumeaux. Les langues se délient dans le quartier, l'enfant dont la paternité a été attribuée à Bertin ne serait pas de lui, mais d'un « copain » de la fille d'Abou.

Toute honte bue, Bertin se rend à la tête d'une forte délégation chez André pour réclamer son épouse qui, selon lui, lui avait été volée, car n'avait-il pas payé une forte dot pour en faire son épouse légitime ?

Après moult péripéties, dont des démarches infructueuses auprès de la police et de la justice, l'affaire est portée devant Ferdinand, membre influent du même groupe ethnique que Bertin et Suzy, et de plus greffier de justice de son état, ce qui fait de lui une personnalité écoutée.

En attendant, venons à l'épilogue. Devant une foule compacte, composée en majorité des supporters de Bertin, Ferdinand va le prendre en aparté pour l'amener à la raison, alternant remontrances et conseils thérapeutiques. Il accepte sa défaite, reconnaît être allé trop loin et demande pardon pour avoir, entre autres choses, jeté le discrédit sur sa communauté.

Si cette histoire vécue vous intéresse, vous la trouverez dans son intégralité dans un ouvrage paru cette année même, en mars, aux éditions Mouna, sous le titre « La Femme de mes rêves », sous la plume de Georgette Zamblé. Le livre est également disponible chez Amazon.

Que retenir ?

Quelques idées essentielles :

1. Que la médialabre ou médialarbre, entendue comme une « médiation à l'Africaine » peut être un concept réducteur

(ce mot-valise construit à partir de la médiation-palabre, ou de la médiation sous l'arbre à palabre, c'est selon). Parce que l'Afrique est multiple, multiculturelle comme les autres continents, et plurielle.

2. Que les Africains, qu'ils soient du Nord, de l'Ouest, du Centre, de l'Est ou du Sud, sont multiculturels. Pour ce qui me concerne, né avant les indépendances, j'ai chanté la Marseillaise, comme sans doute mes promotionnaires anglophones ont chanté « God Save The King/The Queen, avant de découvrir l'ancêtre Lucy, Cheikh Anta Diop et la négritude, au moment où mes amis anglophones déclaraient que le tigre ne proclame pas sa tigritude, mais qu'il tue sa proie et la mange.
3. Que les « dogmes » du processus de la médiation peuvent voir naître des schismatiques, des apostats ou des hérétiques. Dans l'histoire rapportée plus haut :
   - Le « médiateur » Ferdinand n'a pas été coopté par les parties au conflit ;
   - Son impartialité n'était pas un acquis, du fait de son appartenance à la même communauté que Suzy et Bertin ;
   - Dans un environnement où la vie privée est réduite à sa plus simple expression, la notion de la confidentialité est à tempérer sérieusement ;
   - Ce conflit et son expression ont permis de mettre en lumière des préjugés et idées préconçues encore tenaces ; dans un couple qui ne réussit pas à procréer, la stérilité est systématiquement imputée à la femme.
   - Les interrelations entre la valeur et les intérêts de la personne et ceux de la communauté se mesurent à des aunes particulières ; l'issue de ce conflit a permis de voir émerger la reconnaissance de la femme en tant qu'être humain à part entière.

En somme, il est permis de dire que « l'équation personnelle » du médiateur a pesé de tout son poids dans la résolution du conflit, l'éducation de Bertin et la pacification de la relation.

En conclusion

L'arbre à palabre, l'apanage de l'Afrique ? Peut-être pas. L'histoire de la France dit que le roi Louis, le neuvième du nom, rendait la justice sous un chêne. Que cette justice ait été proche ou loin de la médialarbre, faisons le pari de voir la justice dite classique devenir une route communale ou à la rigueur départementale alternative pour le règlement des conflits, différends et litiges, et la médiation la grande autoroute internationale et interculturelle.

CHAPITRE II

EN ASIE

Par Me **Thi MY HANH NGO FOLLIOT**,
avocate, vice-présidente de CIM.

La médiation au Vietnam, au Japon et en Chine

En Asie, les modes alternatifs de règlement des litiges sont le fruit d'une longue tradition.

Dans une société très hiérarchisée où sont valorisées les relations familiales et de voisinage, où on répugne à (faire) perdre la face, le procès est vécu comme une atteinte à l'honneur.

La médiation comme expression de la culture de l'harmonie et instrument de cohésion sociale prend donc toute sa place.

Médiation ou conciliation ? Les deux modes sont souvent confondus, mais peu importe pourvu qu'une solution amiable soit trouvée pour mettre fin aux différends afin de préserver les liens familiaux et/ou sociaux.

L'Asie, un berceau de la médiation : La médiation comme expression de la culture de l'harmonie

En Asie, les modes amiables de règlement des litiges sont le fruit d'une longue tradition.

La société asiatique traditionnelle est très hiérarchisée. Elle est organisée autour de la famille (au sens large) dans laquelle les plus jeunes s'inclinent devant les aînés dont l'autorité s'impose.

En cas de désaccord, c'est au plus âgé, en général le chef de famille, de village ou de tribu — qui connaît tout le monde — qu'il revient de trouver une solution.

La sagesse asiatique enseigne qu'il ne faut pas faire perdre la face.

Aussi le conflit ouvert est-il inconcevable et le procès vécu comme une atteinte à l'honneur de toutes les parties. Il ne doit pas y avoir de vainqueur ni de vaincu.

La médiation comme expression de la culture de l'harmonie et instrument de cohésion sociale prend donc naturellement toute sa place.

À l'instar de la médiation populaire en Chine, pays profondément marqué par l'héritage du Confucianisme, la médiation de base au Vietnam permet de régler des litiges de la vie courante et de voisinage. Elle est indispensable pour préserver les liens familiaux et sociaux. Qui ne connaît pas le dicton vietnamien : « thuong ai thuong ca lôi di, ghét ai ghét ca tông chi ho hàng » (« quand on aime quelqu'un, on aime même le chemin qu'il emprunte, lorsqu'on déteste quelqu'un on déteste toute sa lignée ») ?

Aujourd'hui, les pouvoirs publics encouragent cette médiation extrajudiciaire dans les litiges relatifs à la construction (40 % des litiges commerciaux).

En Chine, les juges sont chargés et apprécient d'inciter les parties à régler leurs différends de manière amiable.

Au Japon, le règlement amiable des conflits est toujours de mise.

Médiation ou conciliation ? Les deux modes sont souvent confondus, mais peu importe pourvu qu'une solution amiable soit trouvée pour mettre fin aux différends dans un objectif de paix sociale. La prédominance de la médiation n'est donc pas un moyen de désencombrer les tribunaux.

Évidemment, n'est pas traitée dans ces quelques lignes la médiation des affaires.

CHANSON « Le monde a besoin de médiateurs »

Abder AIT OUALI, expert analyste, conseiller prud'homme, médiateur, membre du conseil d'administration de GEMME-France, auteur-compositeur interprète, président de l'association « Atout diversité »

« Le monde a besoin de médiateurs » est une chanson qui a été diffusée le 25 mai 2023 — lors des « IXes Assises internationales de la médiation » — au Conseil de l'Europe pour les 20 ans de GEMME.

Le texte qui suit ne développe que l'identification, la projection et l'ajustement créateur ; trois des nombreux concepts contenus dans la chanson. Une chanson pour un monde qui, par peur d'affronter sa peur du changement, préfère rester dans sa zone d'inconfort dans un perpétuel ajustement conservateur. Où les identifications à une croyance sont des racines si ancrées dans les mentalités qu'elles empêchent de voir la lumière de l'altérité. Où nos projections miroirs, par illusion d'optique, voient dans l'autre la partie sombre de nous-mêmes. Plus l'identification à un groupe d'appartenance est extrême, plus on projette une antipathie irrévocable pour qui n'en fait pas partie.

L'identification et la projection sont les deux principaux facteurs de l'ombre qui nous envoient des graines de messages qui nourrissent notre zone de confort aveugle afin de nous planter dans notre relation à l'autre, a fortiori s'il est différent. Identification et projection sont à l'origine des barrières et des tensions dans le monde, et notamment des préjugés. Ce qui a pour corollaire de renforcer le sentiment d'insécurité, avec pour conséquence d'alimenter la paranoïa ; la seule maladie mentale qui soit réellement contagieuse, avec pour effet le cycle infernal de la violence : Identification-Sentiment d'insécurité-Projection-Défense-Attaque ; et pour cause : la meilleure défense c'est l'attaque.

Ces deux mécanismes de défense — aux antipodes de l'empathie, de l'altérité et de la paix — sont, de par leur puissance inconsciente, les pires générateurs de conflits dans le monde. Car ils font appel au cerveau reptilien dont le fonctionnement alimente et entretient la peur de l'autre jusqu'à en faire une question de sécurité autant que de survie. Où la peur du cerveau reptilien — après avoir colonisé le limbique et neutralisé la raison du néocortex — l'emporte en dressant des murs, cage de l'entre-soi. Du coup, on ne pense plus, sinon qu'avec un postulat en tête : comme l'enfer c'est l'autre, je vais lui faire vivre l'enfer pour être en sécurité. Dans un conflit où l'idéal de sécurité se substitue systématiquement à l'idéal de justice et du droit. Comme la violence appelle la violence, ce cycle infernal s'applique de part et d'autre des parties en conflit, à plus ou moins grande échelle. C'est ainsi que — selon que l'on s'identifie à la victime ou à l'agresseur — l'on prend le parti de camper sur une position intangible.

La frontière entre l'identification et l'empathie est aussi mince que celle entre l'amour et la haine. C'est à cette frontière paradoxale, lieu des dualités où tout peut basculer d'une polarité à l'autre que se trouve le siège des émotions. Au niveau du cerveau limbique. C'est là, à cette frontière-contact, dans ce lieu de contact entre l'individu et son environnement que tout se joue dans le réel. C'est aussi là, dans l'ici et maintenant, que le médiateur peut le mieux intervenir. Pour créer un pont catalyseur de liens de connexion des parties déconnectées. C'est là que le processus d'ajustement créateur s'impose, de par son écoute empathique, comme un atout indispensable pour transcender les dualités et les polarités afin de sortir de l'impasse de l'ajustement conservateur d'une zone d'inconfort.

Le processus d'ajustement créateur est à la médiation ce que l'ajustement conservateur est aux autres modes de résolution de conflits. L'ajustement conservateur est un facteur de survie et de repli sur soi, dans un espace limité. L'ajustement créateur est un vecteur de solutions positives, de croissance et d'ouverture aux autres, dont la bienveillance et le respect visent à élargir l'espace dans les mentalités. Ce qui implique une grande remise en cause de chacune des parties pour sortir d'un conflit. Car la quête de la paix et de la compréhension mutuelle réclame un engagement constant et une bonne dose de résilience face aux conflits qui font indéniablement partie de la nature humaine et, cela va de soi, l'idée que la transformation sociale nécessite une participation active de chacun de nous.

Au regard de ce qui se passe dans le monde, d'aucuns diront que ma ballade musicale est une cause perdue d'avance. Mais c'est contribution. Ma part d'ajustement créateur en réponse à la question du colloque « développement de la médiation dans les cinq continents : rêve ou réalité ? ».

Une réponse sous forme d'une chanson : « Le monde a besoin de médiateurs » pour la paix dans le monde. Où l'esprit de la médiation et ses principaux concepts sont développés en musique. Car la musique — en plus du fait qu'elle adoucit les mœurs — a le pouvoir de parler à nos trois cerveaux : reptilien, limbique et néocortex.

Comme tout finit en chansons ; quoi donc de plus rassembleur que la musique pour que le monde s'entende à travers une symphonie où chaque être est compris comme une note de musique. Un appel à l'unité dans la diversité où toutes les parties sont volontaires pour offrir au monde ce concert. C'est l'objectif de ma chanson.

Une chanson sous forme d'une vision holistique, un rêve éveillé dans une réalité où il y a autant de place pour la diversité qu'il y a d'espace dans les mentalités.

Le monde a besoin de médiateurs

Le monde a besoin de médiateurs
Besoin de musique (s) et de couleurs
Pour s'accorder pour concilier pour se conjuguer
Il a besoin de rassembleurs

Pour passer du conflit à l'accord
Il faut savoir oser
Sortir de sa zone de confort
Pour se dépasser
Avoir la volonté de se rencontrer pour se rapprocher
Savoir se confronter pour accorder nos libertés
Mais si chacun veut rester
Retranché derrière son armure
Nous finirons par aller
Tout droit dans les murs

Le monde a besoin de médiateurs
D'ajustements créateurs
Pour transcender les polarités et les dualités
Il a besoin d'harmonisateurs

Osons lui construire des ponts
Pour franchir le pas
Plutôt que des murs en béton
Cage de l'entre-soi
Il a besoin de liens d'altérité et d'indépendance
Pour qu'on puisse enfin offrir à la paix au moins une chance
Mais si on baisse les bras
On lui retire cet espoir
Alors c'est sûr que nos pas
Ne nous mèneront nulle part

Il y a tant de préjugés qui biaisent
Notre rapport au conflit
Autant de biais que de pièges
Qui nous coupent de notre empathie
Quitte à se disputer sans jamais se comprendre
Autant se confronter dans le respect pour s'entendre
Aussi vrai que la danse accouche des unions
Le monde a besoin de catalyseurs de solutions

Tajmaât (Modèle ancestral de démocratie participative kabyle)

Osons donc la médiation levier d'accord pour nos violons
Pour une symphonie de sons concertés au diapason
Les confidences sur la portée sont des silences à la clé
Une tierce à l'orchestration mais c'est nous qui composons
Osons la partition du cœur pour que chaque partie
y gagne et en chœur
Osons
Osons le langage de l'âme pour élargir notre gamme
Que chaque note exprime sa voix pour nous éclaircir la voie
Passons des accords mineurs pour s'accorder sur les majeurs
En écoute empathique rythme et tempo un bémol sur notre ego
Osons nous porter volontaires pour offrir au monde ce concert
Osons accorder nos violons

Paroles et musique Abder AIT OUALI

DISCOURS DE SYNTHÈSE

Le développement de la médiation sur les 5 continents : rêve ou réalité ?

Par **Stephen BENSIMON**,
directeur de l'IFOMENE, médiateur,
membre de GEMME-France et de CIM

1. Tant de violences à combattre !

Combien de riches interventions en deux jours pour dix minutes de synthèse. Chers organisateurs, est-ce bien raisonnable ? !

D'autant qu'autour de valeurs essentielles communes, toutes ces interventions traduisent la belle et riche diversité des contextes, des cultures et des personnalités !

Mais telle est Béatrice, dont chacun. e sait qu'elle a l'art de faire de chaque réunion une assemblée constituante, re-constituante, régénératrice… bref une renaissance.

Aussi, au lieu de faire synthèse, j'ai donc résolu de tenter de faire consensus, de faire convergence…

Il y a quelques semaines deux médiations que j'animais se sont traduites par ces accords qui nous font rêver de développer la médiation dans la réalité :

- Une longue médiation judiciaire en propriété intellectuelle où des acteurs majeurs du cinéma français ont eu le courage et l'intelligence de s'accorder… Champagne !
- Et puis les copropriétaires d'un immeuble en guerre civile depuis des années, retrouvant l'art de l'écoute et du débat constructif. Et un dîner pour fêter ça !

Toute paix est une victoire. Amadou Hampâté Bâ le disait avec humour et justesse : « il n'y a pas de petite querelle » !

Et disons-le, aujourd'hui autant qu'hier, autant que demain et que toujours, une guerre est déclarée, une guerre vitale, pacifique et non-violente, une guerre contre la violence dans les relations humaines.

2. La médiation un nouveau droit humain

Européens, nous avons exporté les Lumières des droits humains et commencé à les mettre en pratique

Mais nous apprenons aussi depuis un siècle les approches complémentaires précieuses des autres continents, des Gandhi, King, Maathaï, Mandela. Nous apprenons la puissance du combat non-violent contre la violence.

Le passage d'un pouvoir imposé, et même d'une autorité comprise et acceptée à une décision difficilement, mais librement choisie.

Une association d'avocats brésiliens m'avait ainsi demandé d'assurer la conférence d'ouverture d'un colloque en médiation sur le thème : « la médiation est-elle une utopie ? »

J'avais répondu : oui, bien sûr, une utopie réaliste.

Qu'est-ce en effet qu'une utopie ? Rien que de très juste, pensable, faisable, souhaitable, sauf que l'on ne sait par quel chemin passer pour y parvenir. Ainsi le discours de King « je fais un rêve » évoque très simplement des relations humaines « normales »... Mais comment y parvenir après des siècles d'esclavage et de ségrégation ? Les personnes qui viennent en médiation voudraient y croire, mais comment y croire ? À nous de les aider à trouver un chemin, leur chemin. Comme l'a dit Félix Tobin : « évite de trancher quand tu peux dénouer ! »

La médiation est en ce sens un nouveau droit humain : il y eut un avant et un après l'« Habeas corpus », et notre intégrité physique est en effet primordiale... Mais nous avons aussi un esprit, un cœur, une âme à respecter et à faire respecter.

Tel est la double dimension de la médiation, et c'est pourquoi j'ai toujours dans ma trousse d'écolier : d'une part un mètre de couturière – rigoureux, mais pas rigide — pour représenter la souplesse de nos processus, et un mini livre des Droits fondamentaux – intangibles, non négociables — de l'Union européenne : « p. 1, Art. Premier — Dignité humaine : la dignité humaine est inviolable. Elle doit être respectée et protégée. »

Cette justice d'équité et de respect ajoute à nos droits, à notre humanité. C'est cela, peut-être, la véritable humanité augmentée !

3. De l'audace, encore de l'audace

Nous le voyons et le vivons : les modes alternatifs, amiables, adaptés de règlement des différends prennent de multiples formes aujourd'hui via des médiateurs internes, libéraux, institutionnels, de la consommation, voire conciliateurs…

Nous sommes toutes et tous acteurs de ce foisonnement des possibles.

Mais nous sommes encore trop frileux.

Heureusement, derrière chaque question, chaque piste, il y a un humain.

Derrière chaque piste… ou devant ! —

Tous les bonheurs de ma vie – et je l'espère de la vôtre sont nés de belles rencontres.

Vais-je à titre exemplaire, vous parler du rôle de nos fondateurs, du rôle de Béatrice, inspiratrice de tant de réalisations qui semblaient naguère autant d'utopies ?

Non ! Dans cette synthèse ouverte, je préfère parler plutôt du seul intervenant qui n'a pu venir s'exprimer à Strasbourg. Je pense à Michel, Michel Tchicaya, Président du CERFOPMAN d'Abidjan, initiateur avec Béatrice du « GIMME », groupement ivoirien des magistrats pour la médiation.

Par son action, il nous dit comment on peut partir de presque rien, de moins que rien.

Il nous rappelle qu'il faut avoir le courage de commencer petit.

Il nous dit la foi en nos valeurs.

Il nous dit qu'avant même de commencer, nous sommes infiniment riches ;

« La médiation ? Une nouveauté qui a toujours existé ! »

Il nous dit ici à travers Félix Tobin l'art de recréer, de réinventer et croiser les cultures !

4. Un cadre oui. Un carcan non

Et ce faisant, en construisant une confrérie conviviale de près de deux cents médiateurs diplômés enthousiastes, il sait que rien ne se fait sans passion… ni sans patience. Il rejoint Jean Monnet :

« Rien n'est possible sans les hommes ; rien n'est durable sans les institutions. »

Et c'est vrai, en présence de Guy Canivet, et dans le cadre prestigieux du Conseil de l'Europe, soutenus par les plus hautes instances, nous pouvons nous réjouir d'une reconnaissance qui ennoblit et légitime la médiation tout en augmentant son audience et sa diffusion.

Oui, mais soyons attentifs à cette nouvelle étape.

Sans doute un cadre est-il souhaitable, mais nous savons d'expérience qu'avec les meilleures intentions du monde, un cadre tend à se transformer en carcan.

Or, de même que le contrat est la loi des parties, les règles de la médiation sont d'abord le libre choix des personnes. Ne sacralisons pas nos règles et méthodes. Indépendance ? Mais de quel droit refuser aux « parties » de choisir leur médiateur justement parce qu'elles le connaissent et qu'il les connaît, « en connaissance de cause » ?… N'est-ce pas leur affaire ! Et si les personnes souhaitent que le médiateur se mue en conciliateur, voire en arbitre : quel dogme l'interdit, si telle est la volonté de parties libres et éclairées ? Confidentialité ? Sans doute ! Mais pourquoi pas au contraire la publicité de bien des formes de palabre ?

Souvenons-nous constamment de la manière dont Mandela considère les bienveillances un peu trop généreuses : « Ce qui se fait pour nous sans nous se fait contre nous ! »

Souvenons-nous — n'est-ce pas, Michèle Guillaume-Hofnung, que la médiation est née de la société civile et gagnera à continuer d'y puiser sa sève.

Souvenons-nous aussi qu'heureusement les êtres humains, libres et différents, seront en désaccord et en débat toujours et sur presque tout.

Et si tout conflit est la saine confrontation de deux libertés qui n'entendent pas se soumettre ni se taire, notre seule question et notre seul rôle restent : surmonter ont-ils leur différend par des moyens non-violents ?

LE DÉVELOPPEMENT DE LA MÉDIATION SUR LES 5 CONTINENTS : RÊVE OU RÉALITÉ ?

Ainsi, et ce sera ma conclusion en réponse au titre de nos IXes Assises, la médiation est vivante, féconde, quand elle favorise la liberté et le respect mutuel de la différence.

Partout où chacune et chacun de nous développent ainsi la médiation, il nous fait passer du rêve à la réalité, dans notre tâche ambitieuse, aussi difficile qu'évidente : avec toutes les cultures antiques et modernes, avec toutes les technologies de notre temps, humaniser… ou réhumaniser les relations humaines !

Remerciement aux sponsors de cet événement :

- La FFCM
- Les avocats de la Paix
- Le CIM
- Et… l'équipe de GEMME-France !

DES MÊMES AUTEURS
AUX ÉDITIONS L'HARMATTAN
Béatrice Blohorn-Brenneur :

- *Stress et souffrance au travail, un juge témoigne,* 2010.
- *Du désamour au divorce – Jugement, conciliation, médiation,* 2013
- *La médiation pour tous dans l'espace OHADA et en Afrique de l'Ouest,* 2018
- *Lettre à Michel – Témoignage,* 2019
- *La médiation pour tous en France, Comment gérer relations et conflits ? Guide pratique et cadre juridique,* 4e édition, 2 023
- *Va et deviens qui tu es ! De la Bible à la médiation, un cheminement entre conscient et inconscient, 2024*

GEMME-France et CIM :

- *Panorama des médiations du monde,* Dir. Béatrice Blohorn-Brenneur, 2010
- *Guide pratique de la médiation et de la conciliation judiciaires,* 2012.
- *Conciliation et médiation prud'homales,* 2013
- *Conciliation et médiation commerciales,* Dir. Béatrice Blohorn-Brenneur, 2014
- *Le médiateur professionnel en action et en mots,* Éric Battistoni, Fédérica Oudin, Michèle Lenoble, 2014
- *Conciliation et médiation devant la juridiction administrative* – Actes du colloque du Conseil d'État du 17 juin 2015, Dir. Béatrice Blohorn-Brenneur et Jacques Biancarelli, 2015
- *La médiation, un chemin de paix pour la justice en Europe – GEMME, 10 ans déjà !* Dir. Béatrice Blohorn-Brenneur et Dragos Calin, 2015
- *Les nouveaux enjeux de la médiation administrative, judiciaire et conventionnelle, à distance, environnementale, interculturelle* – La certification des médiateurs, Actes du colloque de Nice 3 et 4 juillet 2015, Dir. Béatrice Blohorn-Brenneur, 2016
- *Médiation obligatoire ou médiation volontaire, Actes du colloque de La Rochelle,* Dir. Béatrice Blohorn-Brenneur et Myriam Bacqué, 2016
- *Développer une culture de la médiation – dans les différents continents – devant les juridictions judiciaires et administratives,* Dir. Béatrice Blohorn-Brenneur et Claude Czech, 2019
- *Médiation, cultures et religions, de l'esprit à la méthode,* Dir. Béatrice Blohorn-Brenneur, 2020
- *Les sources spirituelles de la médiation,* Dir. Béatrice Blohorn-Brenneur, 2022
- *Sagesses du monde et médiation* Dir. Béatrice Blohorn-Brenneur, 2022
- *Médiation et institutions européennes, GEMME 20 ans déjà ! Dir* Béatrice Blohorn-Brenneur, avec la collaboration de François Staechelé et Sarah Hartmann-Lombard, 2023.
- *Médiation, écologie, environnement et intelligence artificielle,* Dir Béatrice Blohorn-Brenneur, avec la collaboration de François Staechelé et Sarah Hartmann-Lombard, 2024.

Structures éditoriales du groupe L'Harmattan

L'Harmattan Italie
Via degli Artisti, 15
10124 Torino
harmattan.italia@gmail.com

L'Harmattan Hongrie
Kossuth l. u. 14-16.
1053 Budapest
harmattan@harmattan.hu

L'Harmattan Sénégal
10 VDN en face Mermoz
BP 45034 Dakar-Fann
senharmattan@gmail.com

L'Harmattan Cameroun
TSINGA/FECAFOOT
BP 11486 Yaoundé
inkoukam@gmail.com

L'Harmattan Burkina Faso
Achille Somé – tengnule@hotmail.fr

L'Harmattan Guinée
Almamya, rue KA 028 OKB Agency
BP 3470 Conakry
harmattanguinee@yahoo.fr

L'Harmattan RDC
185, avenue Nyangwe
Commune de Lingwala – Kinshasa
matangilamusadila@yahoo.fr

L'Harmattan Congo
219, avenue Nelson Mandela
BP 2874 Brazzaville
harmattan.congo@yahoo.fr

L'Harmattan Mali
ACI 2000 - Immeuble Mgr Jean Marie Cisse
Bureau 10
BP 145 Bamako-Mali
mali@harmattan.fr

L'Harmattan Togo
Djidjole – Lomé
Maison Amela
face EPP BATOME
ddamela@aol.com

L'Harmattan Côte d'Ivoire
Résidence Karl – Cité des Arts
Abidjan-Cocody
03 BP 1588 Abidjan
espace_harmattan.ci@hotmail.fr

Nos librairies en France

Librairie internationale
16, rue des Écoles
75005 Paris
librairie.internationale@harmattan.fr
01 40 46 79 11
www.librairieharmattan.com

Librairie des savoirs
21, rue des Écoles
75005 Paris
librairie.sh@harmattan.fr
01 46 34 13 71
www.librairieharmattansh.com

Librairie Le Lucernaire
53, rue Notre-Dame-des-Champs
75006 Paris
librairie@lucernaire.fr
01 42 22 67 13

www.ingramcontent.com/pod-product-compliance
Lightning Source LLC
LaVergne TN
LVHW010948061026
849535LV00006B/1622
* 9 7 8 2 3 3 6 4 5 2 9 4 4 *